·李营 主编

沈敏庆 编

山东大学出版社

图书在版编目（CIP）数据

麻辣科学.“讨厌”的科学/李营主编；沈敏庆编.
—济南：山东大学出版社，2013.9
ISBN 978-7-5607-4876-4

Ⅰ.①麻… Ⅱ.①李… ②沈… Ⅲ.①科学知识—普及读物 Ⅳ.①Z228

中国版本图书馆CIP数据核字（2013）第210425号

策划编辑：马银川
责任编辑：董付兰
整体设计：张　荔

出版发行：山东大学出版社

社址：山东省济南市山大南路20号
邮编：250100
电话：市场部（0531）88364466
经销：山东省新华书店

印刷：山东华鑫天成印刷有限公司
规格：890毫米×1000毫米　1/16　9.75印张　146千字
版次：2013年9月第1版
印次：2013年9月第1次印刷
定价：31.00元

写在前面的话

我们所处的时代是一个科学技术突飞猛进的时代，人类实现了千百年来的梦想，能下五洋捉鳖，敢上九天揽月，甚至从太阳的家园向更广袤的宇宙空间进军。但面对一些疾病的时候，科学依然显得很无奈，例如横扫欧洲的黑死病、绞杀非洲人的恐怖病毒、全球肆虐的传染病、让人闻之色变的“痨病”、现代社会的“瘟疫”——艾滋病……

科学的发展给后人留下了无数宝贵的财富，但是回顾往昔，小小的过失一次次使我们与死亡不期而遇，从“不沉巨轮”的死亡之旅，到创纪录的特大空难，再到毁灭全城的无情大火，都是如此。而且，科学发展早已使不堪重负的自然变得更为恶劣和暴戾，例如铺天盖地的大海啸、摧毁力巨大的泥石流、可怕的黑色沙尘……

近几年，伪科学和迷信思想在我国一些地方沉渣泛起。种种“奇闻”“怪事”，诸如人体的“特异功能”之类的东西，对人的迷惑性很大，使一些青少年深受其害，严重影响了科学的传播。

科技发明使生态环境改变，生物技术中的克隆技术引发了人们的道德思考，百年不降解的白色垃圾——塑料成为 21 世纪破坏社会环境的主要凶手……人们无法否认科学的两面性。

为了增加知识的趣味性，提高青少年读者的阅读兴趣，本书特意塑造了两个角色——小龙崎和龙叔叔。小龙崎是一个活泼开朗的学生，酷爱科学，对世界上的一切事物都充满着好奇和兴趣，平时总喜欢缠着龙叔叔问个“为什么”。龙叔叔是一位科学院的博士，他知识渊博，对世界科学史了如指掌，因此总被小龙崎“纠缠”。但不管小龙崎如何“刁难”，他都能对答如流。通过小龙崎与龙叔叔的一问一答，本书深入浅出地将科学知识生活化、趣味化。你还等什么呢？赶快跟随小龙崎和龙叔叔开始一段精彩有趣的科学之旅吧！

另外，鉴于编者水平有限，书中难免存在粗疏错漏之处，敬请方家不吝赐教。本书在编写过程中，尤其是在解释科学现象或说明科学原理部分，参考了部分专家学者的观点和著作，在此一并深致谢忱！

编 者

2013 年 5 月

目录

一、令人手足无措的疾病

二、惹人痛恨的自然灾难

三、能惑人心智的伪科学

四、糟糕透顶的科技发明

一、令人手足无措的疾病

1 为美洲白人敲响的丧钟：黄热病

这天，小龙崎问龙博士：“龙叔叔，今天我在书上看到一种疾病，叫黄热病，这是一种什么病？”

龙叔叔说：“这是由黄热病病毒引起的一种传染病。得了这种病的人全身发热，像感冒一样，并且皮肤颜色发黄，看起来非常可怕。黄热病曾经在欧美等国疯狂流行，无数的白种人因染上这种病而死亡，可以说它给人类带来的损失是无法估量的。”

小龙崎着急地说：“龙叔叔，您快给我详细地讲讲吧！”

每当夏天来临的时候，我们总是受到蚊子的攻击，会被蚊子叮得满身大包，可以说对蚊子的叮咬是防不胜防。在大多数人眼里，蚊子是一种以吸食人和其他动物的血液为生的讨厌东西。其实这样的蚊子并不算可怕，被咬的我们只是为皮肤瘙痒苦恼而已。然而，在世界上有一种名为埃及伊蚊的蚊子，它能够携带黄热病病毒，然后通过叮咬人的方式传播这种病毒，人类甚至

会因为患上这种疾病而死亡。当蚊子吸入了带有黄热病病毒的人的血液之后，再去叮咬其他的人，黄热病病毒就被传染到了另一个人的体内。病毒进入到人体后，会迅速地扩散和繁殖，数日之后就会进入血液循环，引起人体主要器官的病变。病毒攻击的主要对象是肝脏，因此患者的肝脏通常会严重病变。

得了这种病的人刚开始的时候只是寒冷和发烧，看起来就像感冒了一样。慢慢地就会发生严重的呕吐——呕吐物因胃出血而发黑。两三天之后，幸运的人就会好转并且以后都不会再得这种病，而不幸的人随后就会发烧和吐黑血，牙龈和鼻子开始渗血，皮肤颜色慢慢发黄，精神慢慢失常，甚至陷入昏迷，直到死亡。

“龙叔叔，刚才您说黄热病曾经在欧美等国疯狂流行，这是为什么呢？”小龙崎问。

龙叔叔停了一下，说：“大约是在17世纪，藏在船上的蚊子从非洲‘偷渡’过大西洋前往美洲，在路上的时候，携带黄热病病毒的蚊子就‘咬死’了许多水手，所以当船最终到达港口的时候，绝大多数的水手都已经死亡了。可是，蚊子并不管那么多，它在没有被人们发现时，就已经悄悄地溜上了岸，继续寻找下一个吸血目标。当然，它在吸血的时候还顺便把病毒吐进那个人的身体里，至于到底岸上又有多少人被蚊子‘咬死’，已经无从查证了。许多黑人对黄热病都有很强的免疫能力，而可怜的白种人就成为它主要的攻击对象。”

小龙崎吃惊地说：“黄热病真是太可怕了！在世界其他地区发生过这种疾病吗？”

龙叔叔说:“18 ~ 19 世纪，欧洲的大西洋和地中海沿岸的一些地区也经常遭到黄热病的袭击。1800 年夏季，西班牙南部港口城市加的斯爆发了黄热病，造成数千人死亡，到 9 月的时候每天死亡多达 200 人。由于教堂举行葬礼忙不过来，昼夜 24 小时的丧钟取代了单独为每个死者敲响的丧钟。”

不可不知的事

黄热病疫苗的产生降低了人们的恐惧

研究发现，造成黄热病的病毒起源于非洲的卷尾猴和猕猴。非洲的蚊子叮咬了带毒的猴子后，就会传播给人类。由于非洲比较早就经历了黄热病的洗礼，很多人对黄热病具有了免疫力。自从知道了病因以后，科学家们就开始研究抵抗黄热病的疫苗，但很长一段时间一无所获。

1936 年，科学家们从一个非洲青年身上提取到一种黄热病病毒。这种黄热病病毒非常脆弱，不再能让人得上黄热病，却能让人获得抵抗黄热病的免疫力。后来，科学家们用这个青年身上的黄热病病毒研制成的疫苗拯救了数百万人的生命。黄热病疫苗的产生，一方面降低了人们对黄热病的恐惧，另一方面遏制了黄热病大规模的爆发，像之前那样的灾难已经成为永远的历史。

2 横扫欧洲的黑死病

小龙崎很喜欢看动画片《猫和老鼠》，其中的小老鼠杰瑞每天都会和汤姆猫发生很多的趣事，有时候小龙崎还会给叔叔龙博士讲一下。

这天，龙博士听完小龙崎的叙述，对他说："大家可能会因为杰瑞的可爱而喜欢上老鼠，可是现实生活中老鼠实在是太令人憎恶了，它们会给人类带来非常广泛的传染病——鼠疫，又叫"黑死病"。只要鼠疫爆发了，它波及的范围就会很广，就会有许多人因此丧命。"

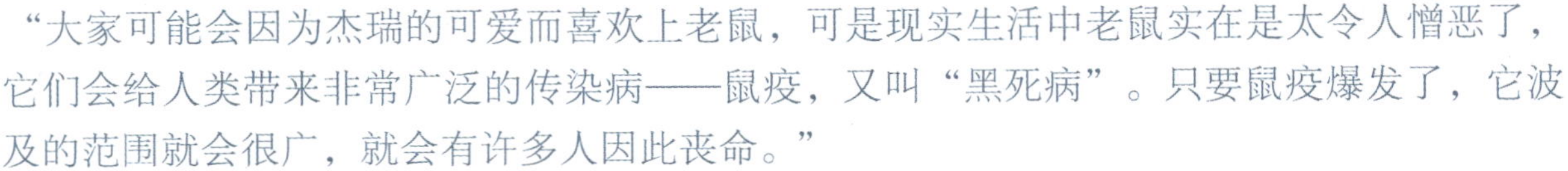

小龙崎吃惊地说："小小的老鼠竟会让比它体积大好多的人类成千上万地死去！龙叔叔，这到底是怎么回事呢？"

公元 542 年，东罗马帝国爆发鼠疫，仅仅在君士坦丁堡城就有 1 万人死于鼠疫，由于患者口吐黑血，迅速死亡，所以鼠疫又称为"黑死病"。当时著名的历史学家帕洛考比乌斯生动地记述了鼠疫流行的过程：

"到处都有鼠疫的牺牲者，任何年龄的人都不能得以幸免，没有一座宫殿可以逃避，没有一间茅舍可以逃脱，人们像被轰击了那样堆积在街头，只有收尸人活动在广场上。"

这是何等可怕的场景！

过了800年后，历史进入14世纪中叶，鼠疫又一次在欧洲流行，这一次它来势之凶，竟至于在短短的4个月内就使4 200多万人死亡，其中欧洲境内有2 500万人死于鼠疫。这次鼠疫流行起始于黑海克里米亚半岛东南端的一个港口城市卡法（现名费奥多西亚）。这是一个为热那亚和威尼斯邦服务的、作为货物转运港性质的海外贸易基地，用来与远东进行交易。鞑靼人垂涎于卡法城的富庶，他们包围了卡法，反复进攻。当卡法城中的守护者们支撑不住，正要开城投降时竟出现了奇迹，他们发现鞑靼人的军队已悄然无声地撤回到大草原去了，原来鼠疫已在鞑靼人的队伍中流行开来，大量士兵的死亡使鞑靼人失去了战斗力而被迫自动撤退。

但是卡法人不明白这里的蹊跷，他们在为自己的解围庆幸，没想到与此同时，灾祸同样也降临到了他们头上。鞑靼人从自己的经历中已经认识到这种病是传染性的，他们在撤走之前，用他们的攻城机械把大量鼠疫病人的尸体抛入卡法城中，于是，鼠疫很快在城中蔓延开来，城内居民纷纷乘船逃回意大利。大部分人在抵达意大利之前就死于舱中，少数人虽然得以逃回，可他们一上岸，鼠疫也就随之进入了意大利。这种令人恐怖的瘟疫以可怕的速度向西蔓延，横扫欧洲，向东传播，到达印度；又向北流行，直至俄罗斯。不久，从欧洲北海到西亚，从西西里到俄罗斯，鼠疫病死者已遍地皆是。在英国伦敦城中，死于鼠疫者占总人口的9/10。

“黑死病到底是怎样一种病？”小龙崎追问道。

龙叔叔喝了一口水说：“当时人们还不知道导致黑死病的原因，后来人们通过研究才知道，可怕的黑死病是由鼠疫耶尔森氏杆菌引起的一种发热性传染病，通过寄生在老鼠身上的跳蚤传播。病鼠常常通过远洋轮船将鼠疫带到港口城市，人被病鼠身上的跳蚤叮咬后就会受到传染，一开始为散发性，条件适当时即造成流行，染上鼠疫者，轻者仅感不适，重者很快就会丧命，潜伏期为 3~6 天，最快的只有 36 小时。”

听到这里，小龙崎问：“这场可怕的传染病来自哪里呢？”

龙叔叔说：“现代研究证明，这种疾病很可能来自中国。1343 年，中国的江淮一带发生了特大水灾，加上灾荒，于是疾病泛滥，形成较大的瘟疫，死亡人数达 500 万之多。这种疾病于是很快沿着商路传播到中东、埃及、意大利，然后越过阿尔卑斯山进入整个欧洲。短短的几年时间，它将整个欧洲变成了魔鬼区域。”

不可不知的事

任重道远的预防鼠疫之路

既然鼠疫这么可怕，人类就不能彻底地解决鼠疫，让鼠疫永远都不再发生吗？

我们要将鼠疫完全根治现在还是不可能的，因为由野鼠传至家鼠的过程是人类根本无法控制的，当然，再由家鼠传染到人也不属于意外事件。而现代交通工具的发达，又为鼠疫的传播和流行提供了外在的条件。

现在，随着科学的进步，鼠疫已经不是不治之症了。虽然如此，但是我们仍然要认识到，早期发现并治疗和防止这种传染病的扩散最关键。在医疗条件还不算完善的今天，我们还远没有达到最终消灭鼠疫的时候。因此，消灭鼠疫是任重而道远的。

3 毁灭文明的猖獗刽子手

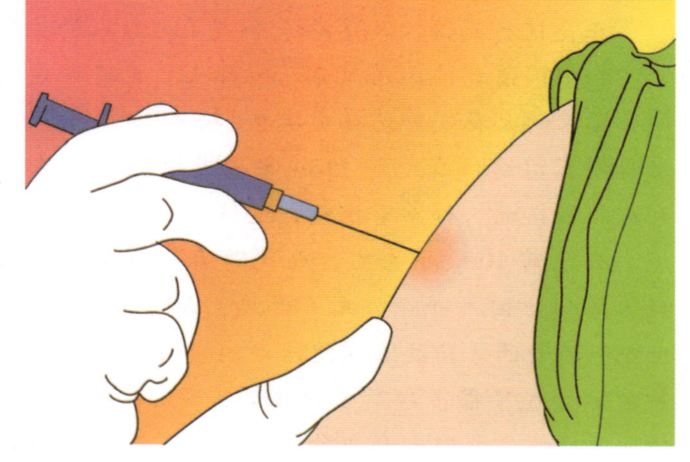

夏天天气炎热，龙叔叔只穿个背心，小龙崎发现龙叔叔的胳膊上有个花一样的印记，就问他是什么意思。龙叔叔看了一眼胳膊，说："这是接种疫苗留下的疤痕，是为了对付一种叫天花的疾病。"

小龙崎笑着说："名字还很好听，这种病很可怕吗？"

龙叔叔扇着扇子说："世界上的传染病千千万万，有些被尘封在了厚厚的历史书页之中，还有些时至今日仍然挥之不去。如果要在这些传染病之中来一个恐怖排行的话，那么天花绝对能够排在十分靠前的位置。这不仅是因为它导致超过 1 亿的死亡人数，而且还因为它带来超过 3 亿以上的天花失明或者终生破相的后遗症。"

"啊，这么严重！"小龙崎吃惊地说。

天花是人类历史上最早、危害最严重、传播范围最广的流行性疾病之一。科学家认为，天花的出现，最早可以追溯到 1 万多年前。当时，依靠农业生产而定居下来的人们，对大型野生动物如山羊、绵羊、猪和牛等进行了驯化，使它们慢慢成了人类的家畜。然而，这却隐藏着巨大的危机。就在人类与牛的不断接触中，寄生在牛身上的痘病毒开始侵入人体内，并逐渐演化为天花病毒。

正是这种病毒，几千年来夺去了无数人的生命，包括号称“太阳王”的法国国王路易十四和中国清朝的同治皇帝。实际上，天花也是最早被人类文字记载的病毒性传染病。最早有记录的天花发作是在古埃及。公元1398年，古埃及法老拉美西斯五世的木乃伊被发现。当科学家对这位公元前1156年去世的埃及法老木乃伊进行检查时，发现他身上的脓疱跟天花非常接近。科学家推断，这位古埃及的统治者极有可能死于天花。

公元前1000年左右，天花随着从事贸易的人从埃及传播到印度，约在公元1世纪逐渐传播到中国，并在公元6世纪，又由中国经朝鲜传播到日本。而影响最深远的是在16世纪，随着西方殖民者探险活动的盛行，天花病毒飞跃大西洋进入了“新大陆”——美洲，并最终造成了很多印第安部族的灭绝。一直到18世纪，天花对地球上唯一尚未被它染指的一片净土——澳大利亚伸出了魔掌，至此，全世界都在天花病毒的笼罩之下。

天花病的死亡率很高，从未接触过天花的地区的死亡率为1/4～1/2。与所有流行性疾病相比，它是名副其实的头号杀手，被人称为“猖獗刽子手”。

听到这里，小龙崎问：“天花为什么能够在人类几千年的历史上造成这样的影响？”

龙叔叔说：“这都是天花病毒作用的结果。我们知道，大多数病毒一见阳光就会死去，所以它们总是隐藏在患者的体内，但是天花病毒却是通过空气传播，它属于痘病毒科，在体外的适应能力很强，耐干燥，抗低温。常温环境下，天花病毒在痂屑内或附着的尘土和织物上可以存活达 18 个月之久，低温环境中甚至可以存活数年以上。

“天花病毒主要靠空气中的飞沫和粉尘传播，经口、鼻、呼吸道进入人体，传播速度非常快。被感染的人起初没有丝毫感觉，但是潜伏期一过，就会突然发作。天花病毒首先附着在呼吸道黏膜上，然后渗入附近的淋巴结和血管，接着随血液扩散到脾、肝、肺等脏器和全身淋巴结系统，此后再扩散到皮肤系统并引起脓疱。随着脓疱的破裂、结痂、脱痂，天花病毒不断地迅速繁殖，散发至病体之外，并产生新的感染源。这整个过程当中，患者一般都会表现出口腔与咽喉溃疡、高烧不退、头痛、肌肉痛、腹痛、呕吐甚至虚脱等症状，很多人皮疹尚未出完就死了。在患者从被传染到死亡的时间里，天花病毒有足够的机会传染给其他人，这也是它能造成如此大危害的原因。”

不可不知的事

把牛身上的脓疱种到人的身上

现在，人们都可以通过从小接种牛痘来预防天花，这个功劳要归功于英国的一位乡村医生。这位医生在一次乡村视察时惊讶地发现，牛也会患上天花。但是牛天花却只是会在皮肤上出现一些叫作“牛痘”的小脓疱而已。而更加让他觉得不可思议的是，那些负责给牛挤奶的女工也会被牛传染而长出一些小脓疱，不过症状十分轻微，并且从此以后就再也不会得天花了。于是，这位英国医生大胆尝试，用针在一位小男孩的手臂上划了两道小小的伤口，并把牛痘挤破，将牛痘里面的淡黄色脓浆滴进伤口。在后来的跟踪调查中，这个小男孩果然没有再患过天花。于是，种牛痘的方法在被证明可行之后，就被逐渐推广到世界各地。

4 全球肆虐的传染病

叔叔龙博士经常告诉小龙崎："不要喝未经净化处理的生水，不洗手不能直接抓东西来吃，也不要吃一些来路不明、不干不净的食物。"

"龙叔叔，为什么要这样要求我呢？"小龙崎很不解。

龙叔叔说："如果你不听我的话，那么你有可能会被一种霍乱弧菌问候。它会让你上吐下泻，严重的还会为你定下一张去往阴曹地府的单程机票！"

"后果有这么可怕吗？"小龙崎问。

龙叔叔说："其实早在19世纪，霍乱就已经开始崭露头角，并给世界带来了无法预知的灾难。"

霍乱是一种由霍乱弧菌引起的急性肠道传染病，主要通过水传播。因为发病猛、传播快、影响大，它被世界卫生组织确定为必须国际检疫的传染病之一。19世纪30年代，霍乱由当时还是英国殖民地的印度传播到英国，随后传播到欧洲的许多国家，进而又侵袭了远在大西洋彼岸的美洲大陆，在全球范围内肆虐。霍乱每到一处，都引起人们极度的恐慌，每30个人中就有一人死去。德国著名的军事家克劳塞维茨和俄国伟大的作曲家柴可夫斯基都是因为霍乱而死。

在人类历史上，曾经有过7次霍乱大流行，历次较广泛的霍乱流行或暴发多与水体被污染有关。因为水，特别是江河水、沟渠水、池塘水、浅井水和港湾水等，都特别容易受到粪便、污物等的污染，如洗涤病人衣物、倾倒吐泻物、船上渔民排泄以及通过河道运粪等。

霍乱弧菌在水中存活时间较长，有些菌株还可以在水中越冬。所以，一次污染后有可能使水体较长时间保持传播能力。水栖动物被感染后，霍乱弧菌有可能在其体内存活较长的时间并继续污染水体。

“龙叔叔，刚才您说的都是历史，那距离我们比较近的霍乱大流行发生在什么时候？”小龙崎又问。

龙叔叔说：“暴发在2006年的安哥拉霍乱，是距离我们比较近的一次霍乱大流行。这个位于非洲西南部的国家由于经历了长期的内战，国内的医疗卫生基础设施严重破坏，再加上其居民的预防意识比较淡薄，于是，就给霍乱提供了良好的滋生土壤。根据世界卫生组织提供的报告，自安哥拉首都罗安达在2月13日开始出现霍乱疫情以后，仅仅3个月的时间，疫情就蔓延到了全国18个省中的11个，患者人数超过了5万，死亡人数也达到了2000人以上。要知道，现在可不是医疗水平落后的19世纪，对于21世纪的我们来说，霍乱，仍没有走远。”

霍乱弧菌进入小肠后大量繁殖，产生强烈的毒素

小龙崎问：“既然霍乱这么可怕，那它到底是一种什么病呢？”

龙叔叔说：“霍乱曾被描述为‘摧毁地球的最可怕的瘟疫之一’，但在现代医学不断发展的情况下，人们已经对它的发病机理有了深入的认识。当霍乱弧菌进入人体后，会经过胃到达小肠并附着在肠道的黏膜表面，在肠腔的碱性环境下迅速繁殖，产生肠毒素。肠毒素作用于小肠黏膜，引起人体本能的自卫反应。肠道内就会分泌大量的液体，试图把病菌冲洗到体外。但是霍乱弧菌不仅黏附力强，而且繁殖的速度快，因此，人体必须不停地分泌体液，最终导致脱水，造成周身循环衰竭。因此患者被传染后，经过几个小时至四五年的潜伏期，就会突然有严重的腹泻。而患者从感染开始，在几天甚至几个小时后就可能面临死亡。”

不可不知的事

不卫生的潜伏者

虽然霍乱十分可怕，但是我们也无须过分紧张，因为它是一个不卫生的潜伏者。它经常潜伏在粪便和垃圾等浸泡过的脏兮兮的污水里，还有各种有机物含量较高的水源中。只要我们能够保持周边的环境卫生，加强饮水和食品的管理，确保任何吃进肚子里的东西都是安全的，就可以防止“病从口入”。同时要做到“五要”和“五不要”，即饭前便后要洗手，买回海鲜要煮熟，隔餐食物要热透，生熟食品要分开，出现症状要就诊；生水未煮不要喝，无牌餐饮不光顾，腐烂食品不要吃，暴饮暴食不要做，有霍乱污染嫌疑的物品未消毒不要碰，那么就基本上可以和这个讨厌鬼说再见了。即使是你不小心已经患上了霍乱，也不需要紧张，因为霍乱病的死亡率并不高，只要我们遵照医嘱，按时服药，多多休息，多多补充水分，很快就可以康复了。

5 让人闻之色变的“痨病”

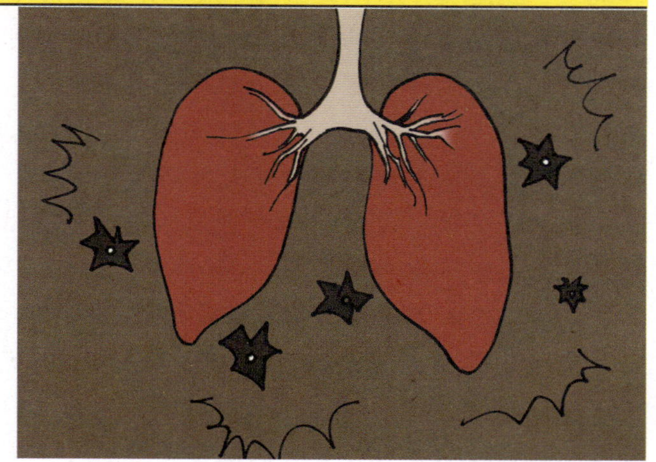

这几天，电视里在放一部叫《霍元甲》的电视剧。小龙崎问：“龙叔叔，以前外国人为什么叫我们‘东亚病夫’？”

龙叔叔痛心地说：“在旧社会，由于我们国家十分落后，不仅缺医少药，甚至就连最基本的温饱问题都解决不了，因此，大多数人的身体素质不高，对疾病的抵抗力很差，被西方称为‘东亚病夫’。在那个黑暗的年代，还出现了一种让所有人闻之色变的疾病，即痨病，也就是我们现在所说的结核病。”

“结核病？这是一种什么疾病呢？很可怕吗？”小龙崎问。

结核病又称为“痨病”和“白色瘟疫”，是一种古老的传染病，自有人类以来就有结核病。1904年，人们在德国海德尔堡附近出土的新石器时代人的颈椎骨化石中，发现有结核病变的存在。在中国的长沙马王堆汉墓古尸的肺部也发现了结核导致的钙化斑。在古希腊和罗马帝国，结核病都曾经很流行。18世纪，结核病曾随着工业革命的兴起，在欧洲猖獗蔓延，在不良的工作和生活条件下，结核病的发病人数大为增加，因为没有治疗办法，导致大批病人死亡。在历史上某些时期，结核病曾有所收敛，但从未完全消失。一旦战争、饥荒或其他什么原因导致人体的抵抗力降低，它就卷土重来。1820 年寒冷的一天，英国诗人济慈在公共马车的露天座位上受了风寒。回到住处后，他脸色绯红，发着高热，咳出一滴鲜红的血。曾是医生的济慈对朋友说："我知道这血的颜色，它是动脉血……那滴血是我的死刑判决书，我要死了。"一年后，年仅 26 岁的济慈死去。济慈之死标志着工业革命后欧洲第一次肺结核发病高峰的来临。19 世纪，结核病在欧洲和北美大肆流行，散布到社会的各个阶层。许多杰出的人物罹患结核病，包括雪莱、席勒、肖邦、契诃夫、史蒂文生、梭罗和勃朗特姐妹等。

现在，全世界有 1/3 的人被结核杆菌感染，其中受抗药菌株感染者可能达到 5000 万。每年新增的结核病患者数量有 800 万 ~ 1000 万，死亡人数有 200 万 ~ 300 万。结核杆菌几乎可以感染身体内任何部位，但以肺部为主，病菌蚕食肺部造成空洞，最终致人死亡。只有患肺结核的病人才会将病菌传染给别人，传播途径是空气——病人咳嗽或打喷嚏。

小龙崎问："对于结核病的肆意猖狂，难道我们就束手无策吗？"

龙叔叔说："当然不！我们要与这个恶毒的病魔战斗到底！首先，我们要注意锻炼身体，增强自己的体质，不要给这些病菌任何的可乘之机。其次，不要随地吐痰，因为很多人都是结核病的隐性患者（就是那些身上带有结核病菌，但是却没有发作出来的人），如果随地吐痰的话，就很容易将病菌传染给他人。最后，既然对付结核病的疫苗早在 1921

年就生产出来了，我们就要好好地利用手里的武器。现在，经常见到的对付结核病的疫苗就是卡介苗了，因此，人们应该定期接种卡介苗，让自己的身体对结核病产生天生的抗体，这样一来，结核病的患病率就会降低，曾经的灾难也就不会再次上演了。”

不可不知的事

“青睐”女性的结核病

其实如果我们翻开结核病的感染史，就会发现一个十分有趣的问题，那就是女性的感染者明显要多于男性，这是为什么呢？难道是因为男性的身体抵抗力比女性要强吗？当然不是，这是因为在过去，女性由于社会地位低下，只需要在家里负责家务劳动等事情，再加上落后的风俗和经济困难等原因，导致女性即使患了结核病也不容易被发现，所以就因为没有得到良好的治疗而死亡。据不完全统计，至少1/3死于结核病的女性都是在生前没有被诊断出来的。此外，青春期少女和怀孕期的妇女由于体内的激素变化、营养失调和产后哺乳等原因，常常造成免疫系统被削弱，因此，25～40岁的女性患上结核病的概率要远远大于同龄的男性。

6 飘荡在各地的狡猾幽灵

这几天，城市里爆发了流感，很多人都在发热、流鼻涕，龙叔叔告诉小龙崎要注意防范。可是，小龙崎根本没有听进去。于是龙叔叔找了个机会，对他说："第一次世界大战，整个欧洲战火连天，直接和间接死于战争的人数达到1000多万。可是就在这次大战快要结束的时候，一场流感的爆发夺去了超过2000万人的生命。这场流感就是20世纪初人们谈之色变的西班牙流感。"

"一个小小的流感怎么会造成这么可怕的后果？"小龙崎震惊了。

其实，"西班牙流感"最早出现在英国堪萨斯州的福斯顿军营。1918年3月11日早晨，福斯顿军营的一位士兵出现发烧、嗓子疼和头疼的症状，当他去部队的医院看病时，医生认为他只是患了普通的感冒，随便给他开了点药，并没有放在心上。然而，接下来的情况出人意料：到了中午，100多名士兵都出现了相似的症状。几天之后，这个军营里已经有500名以上的"感冒"病人。

在随后的几个月里，美国全国各地都出现了这种“感冒”的踪影。这一时期美国的流感疫情似乎没有那么严重，与往年相比，这次流感的死亡率高不了多少。这时候第一世界大战尚未结束，军方很少有人注意到这次流感的暴发。当时第一次世界大战正进入胶着状态，随着美国加入协约国组织，将部队开往欧洲，流感也穿越大西洋首先传播到了西班牙，总共造成800万西班牙人死亡，这次流感也就因此得名“西班牙流感”。同年9月，流感又出现在美国波士顿，这是“西班牙流感”最严重的一个阶段的开始。

这次流感呈现了一个相当奇怪的特征。以往的流感人群总是年老体衰的人和儿童，这次却呈现出“W”型——20～40岁的青壮年人也成了易感染人群。

又经过数月，“西班牙流感”才终于销声匿迹。不过，它给人类带来的灾难却是难以估量的。大约有5亿人被感染，2 000万～4 000万人死亡。相比之下，当时第一次世界大战也只造成1 000万人死亡。这场流感之后，美国人的平均寿命下降了10岁。

“在我们身边，流感经常发生。而西班牙流感的危害程度甚至超过了让欧洲人恐惧了几个世纪的鼠疫。这是为什么呢？”小龙崎有点想不明白。

龙叔叔解释道：“你可千万不要小看这种流行性感冒，虽然它的死亡率很低，只有3%左右，但是它的传染性却非常高。如果有10亿人感染的话，那么死亡人数也是极为恐怖的。但是这还不是它最为可怕的地方，最恐怖的是这种传染病的不稳定性。也就是说，它永远

在变化之中。一般的病毒，只要人患过一次，就能终生免疫。但是西班牙流感就好像是一个高明的罪犯一样，总是在不断变化着自己的形象。即使偶尔被你的免疫系统抓到了，并且记下了它的模样，等到它下一次来袭的时候，又会换上另一身马甲，甚至还会像演员一样化一化妆，这时候免疫系统还记着它原来的形象呢！因此很自然地就将它放行，而此时的你就难逃患病的噩运了。”

不可不知的事

与西班牙流感极其相似的“甲流”

美国研究人员的报告称，2009年爆发的全球性甲型H1N1流感病毒与1918年肆虐欧洲的西班牙流感病毒具有超乎想象的相似之处。他们首先为实验鼠接种了西班牙流感病毒的疫苗，并将它们暴露于“甲流”的环境中，结果发现这些实验鼠无一死亡；当研究人员给实验鼠接种了“甲流”疫苗以后，它们也能同样不受西班牙流感病毒的侵袭。不仅如此，“甲流”和西班牙流感都是从上呼吸道散布至肺，进而引发肺炎，最终导致人因为呼吸衰竭而死亡。那么，甲流到底是不是西班牙流感的再一次重出江湖呢？我们还将继续等待科学家进一步的研究结果。

7 看不见的杀人狂魔：斑疹伤寒

这天，叔叔龙博士问小龙崎："你觉得什么是最可怕的事情？"

小龙崎想了一下，说："战争！当隆隆的枪炮声响起、刺鼻的硝烟弥漫的时候，我们知道战争爆发了。每一次战争的爆发，都会带走许多人的生命，同时，还会让无数的家庭支离破碎。"

龙叔叔摇了摇头，说："在战争中，杀伤力再大的枪炮都不是最恐怖的，而最恐怖的其实是在战争中流窜起来的传染病，比如说，斑疹伤寒。"

"这种疾病有多么可怕？"小龙崎问道。

在1618年的5月23日这一天，捷克爆发了农民起义，当愤怒的群众冲进王宫，把国王和钦差从20多米高的窗口扔出去的时候，欧洲的德国和西班牙等国组成的天主教联盟与法国、瑞典和荷兰组成的新教联盟两大对立集团欣喜若狂，因为他们知道，他们盼望已久的战争借口终于来了。随后，在长达30年的时间里，两大集团不断交战，最终造成了整个欧洲超过1000万人的死亡，但这个结果并不是军队的坚枪利剑造成的，罪魁祸首是斑疹伤寒。

在当时的欧洲，人们的生活条件并不理想，交战双方的士兵常常拥挤在污水横流、臭气熏天的肮脏环境中。在那里，一个个比米粒还要小的虱子会在不经意间，悄悄地爬到人们的身上，然后用它那尖锐的口器，刺破人的皮肤，吸取血液。同时，它们还会排泄出带有大量斑疹伤寒立克次体的粪便，这些粪便小得就像尘埃一样，很容易通过人的呼吸或者是身体上的伤口进入人体内；而且在那时，人们忙于战争，对卫生条件也没有多在意，自然就顾不上驱除虱子的事情。这样一来，虱子在人群之中的肆虐就给斑疹伤寒的大规模流行创造了条件。

随着虱子在军营里的肆虐，大量的斑疹伤寒立克次体进入了人体。它们随着血液流入到肝、脾、胆囊、肾和骨髓后，便开始迅速繁殖。这个时候的人们并不会出现任何的不适反应，然而等到这些斑疹伤寒立克次体繁殖到了一定阶段以后，就会再一次地进入血液，并在血液里释放强烈的毒素，引发病症。这时，人们会惊讶地发现，在自己的身上，不知道从什么时候开始，出现了一个个的小红疙瘩，这就是皮疹。

随着时间的流逝，皮疹会慢慢地扩大，数量越来越多。它们连接成片，从最先开始的胸腹部蔓延到四肢。随后，患者会出现十多天的高烧不退，同时还伴有全身不适、乏力和咽痛等。人们都以为自己得了感冒，因此并没有太关注。可是斑疹伤寒立克次体并没有停止对人体的侵害，它们进入肠道后便产生严重的发炎反应，从而导致肠道组织的坏死和出血，甚至还会在人们的肠子上形成穿孔，使人们疼痛难耐。不仅如此，斑疹伤寒立克次体还可以引起肺炎和肾功能衰竭，从而导致人们精神错乱和昏迷，最后因心力衰竭而死亡。

由于斑疹伤寒是随着虱子的粪便飘散在空气之中，通过士兵们的伤口或者是黏附在水和食物上传播的，因此有士兵称之为“战场上看不见的杀人狂魔”。

听到这里，小龙崎说：“哦，我明白了，原来斑疹伤寒只发生在军营里啊！”

龙叔叔说：“虽然斑疹伤寒经常在战争中“崭露头角”，但并不意味着它只会在军营里发生。实际上，虱子和跳蚤都可以传播斑疹伤寒，也就是说，只要在虱子和跳蚤横行的地方，都有可能感染斑疹伤寒，哪怕是接近北极的俄罗斯也不例外。第一次世界大战的时候，俄罗斯由于战争，国内动荡不安。就在这时，斑疹伤寒适时出击，让超过 3000 万的俄罗斯、波兰和罗马尼亚人受到感染，超过 300 万人因此而丧生。”

不可不知的事

斑疹伤寒并没有彻底隐退

随着全世界医疗和卫生条件的不断改善，斑疹伤寒的活动范围变得越来越小。现在，由于伤寒疫苗的使用，斑疹伤寒在发达国家已经销声匿迹了，但是这并不代表它的彻底隐退。在南美洲、非洲和亚洲的一些落后地区，斑疹伤寒仍然时不时地亮出它的“尖牙利爪”，威胁着人们的生命。对于一些不讲卫生的人来说，在他们家里横行无阻的老鼠、跳蚤和虱子仍然在等待着机会，如果时机成熟，斑疹伤寒仍然会肆无忌惮地传播。所以我们应该时刻注意，不要让这种可以避免的灾难再次发生。

8 绞杀非洲人的恐怖病毒

一天，小龙崎问龙博士："龙叔叔，最让人感觉到恐惧的病毒是什么？"

龙叔叔说："我觉得非埃博拉病毒莫属了。"

"为什么呢？"小龙崎问。

龙叔叔说："不仅仅是因为它那很高的死亡率，同时也是因为得此病的病人死亡前的惨状。曾经有一位医生作出过这样的评价：如果把艾滋病病人死前一年的惨状集中到一个星期内出现，那就是埃博拉病毒。"

其实埃博拉病毒是一种丝状的病毒，在显微镜下观察，就好像玉如意一般，但是它代表的却不是什么吉祥如意，而是死亡。它最早出现在非洲一条名为埃博拉河附近的小村庄中，那一年是1976年，这种病毒在埃博拉河附近的55个村庄以及邻国苏丹和埃塞俄比亚大肆流行，造成了1000多人的死亡。医生们经过研究，发现了这种置人于死地的病毒，并称它为"埃博拉病毒"。

在 1995 年，埃博拉病毒又再次光临非洲刚果共和国，一位 30 多岁的医学实验员突然得病被送进医院，经过两次手术他的内脏出血仍然没有止住，并且很快就死亡了。在病人死后不久，给他做手术的医生、护士也陆续病倒，而且都出现了与死者相同的症状：头痛、发烧、全身内脏大出血，很快也都相继死亡。一个星期之后，死亡的人数越来越多，整个刚果人心惶惶，谁也不知道这种可怕的病症什么时候会爆发在自己身上。

为了警告人们这种病毒的可怕，政府在街上挂满了宣传画，从而提醒人们要警惕埃博拉病毒。同时，政府还采取了一系列的措施来控制病毒的蔓延，可是效果实在微乎其微。其实，为了避免病毒的传播，最好的方法就是将死者的尸体火化，可是当地的人们有一个十分奇特的风俗：他们认为死者入葬前必须要有亲人的陪伴，并且要亲手为他洗净身体，这样就加速了埃博拉病毒的传播。在当时的荒郊野外有很多无人认领的尸体，他们横七竖八地躺在荒凉的土地上，场面看起来凄惨极了。

小龙崎说：“那么，被埃博拉病毒感染了会怎么样呢？”

龙叔叔说：“埃博拉病毒与造成艾滋病的病毒有许多相似之处，不过埃博拉病毒的‘杀人’速度却比艾滋病病毒要快得多。在开始的时候，病毒感染者的症状表现和一般的感冒没什么区别，仅仅只会感觉到发热、头痛、咽喉痛和胸闷等。但是几天以后，它就会开始侵蚀人的血细胞，并把自身的基因片段复制到血细胞中。这时候，人的血细胞便开始成片地死亡，并且凝结在一起阻塞血管，从而切断全身的血液供应。

“不仅如此，埃博拉病毒中的特有蛋白质还会攻击用来固定身体器官的连接组织。当它把器官中的主要胶原蛋白变成浆状物的时候，器官的表面就会开始出现孔

洞，而器官里面的鲜血就会顺着孔洞倾泻而出。这个时候，就能清晰地看到皮肤下面的血斑以及形成水疱的液化死皮。到了这个时候，人的全身都会出血，不管是内脏还是皮肤，或是眼睛、鼻子，都会流血不止。当然，这些都只是表面现象，其实在身体的内部，所有的器官都已经化脓腐烂了，崩溃的血管和肠子都会像水一样在肚子里漂浮着。”

小龙崎说：“实在是太恐怖了！”

不可不知的事

不会大范围流行的埃博拉

在科技如此发达的今天，医学界仍然没有研制出可以战胜埃博拉病毒的药物。因此只要感染上这种病毒，80%的人就会与死神亲密接触。不过值得庆幸的是，埃博拉病毒并不会大范围地流行。原来这种病毒在患者得病的早期，并没有很高的传染能力。再加上埃博拉病毒的生存时间很短暂，只要人被感染，死亡速度会很快。等到感染者卧床不起，无法运动的时候，只要不接触其他人，病毒的传播途径就被切断了。因此埃博拉病毒通常是在小范围内传播，并迅速致人死亡。

9 震惊世界的古怪病症

这天，小龙崎和龙博士来到了一个工业区，走过河边时，总能看到一个个排水管，它们不停地向河里倾泻着脏兮兮的工业废水。龙叔叔气愤地说："这是一种完全藐视生态平衡的不负责行为。要知道，这些未经处理的工业废水不仅能够引起霍乱等一些急性传染病，而且还包含了一些能使人患上稀奇古怪病症的有毒元素。发生在日本的水俣病就是最好的例子。"

小龙崎问："水俣病？名字这么奇怪，这是一种什么病呢？"

水俣是日本的一个地名，那里拥有 4 万多居民，周围村庄也有 1 万多农民和渔民。在 1925 年，一家化工厂在此地建立，由于经营得当，化工厂越来越大，可是该化工厂的老板为了追求最大利益，就将未处理的大量含汞的污水排入了水俣湾。当时人们的环保意识薄弱，并没有在意。可是福祸相依，过度的污染环境，迟早会招来大自然的"回报"。

在日本，很多人都喜欢养猫，然而从 1952 年开始，很多猫都出现了行为的异常：走路跌跌撞撞的，就好像喝醉了酒一样，甚至还会经常流口水和没缘由地狂奔，或者是在原地打转，当地居民给猫的这种病症取名叫"跳舞病"。到了 1953 年，更恐怖的事情发生了，一些猫就好像被恶灵附身了一样，开始莫名其妙地相继投海自杀，而且病症愈演愈烈。

不仅水俣湾如此，就连水俣湾对岸的好几个岛屿也发生了相似的事件。在短短一年之内，投海自杀的猫的总数就达到了5万之多，以至于周围渔村的猫几乎都绝迹了。紧接着，狗和猪也开始出现类似的情形。在当时的海湾中，一具具猫、狗的尸体漂浮着，臭气熏天，这一切仿佛是大自然对人类的无声控诉。

终于，这种病症蔓延到了人的身上。1956年，一个接着一个生怪病的人被送到了医院。他们开始的时候只是口齿不清、步态不稳和面部痴呆，但到了后来，就变成了全身麻木、耳聋眼瞎。最后会发展到精神失常，全身性痉挛频发，手足弯曲变形，就好像那些“自杀”的猫一样，莫名其妙地死去。并且病情还有不断蔓延的趋势，这样一来，才引起了当地人们的高度注意。

小龙崎问：“这种病到底是怎么来的呢？”

龙叔叔说：“在当地大学医院成立的调查小组的调查下，终于发现了病症的源头。原来，水俣市的化工厂排出的那些未经处理的工业废水中，含有大量的甲基汞，而这些甲基汞随着时间的推移，不断地在人体内堆积，最终爆发形成了水俣病。人们一旦患上这种病，就会完全无药可治。更为可怕的是，这种病还能通过母亲传染给下一代，哪怕孕妇再健康，当她体内含有甲基汞的时候，肚子里的婴儿脑组织也会受其影响发育不完全，更严重的时候会直接生出死胎和怪胎。”

不可不知的事

可怕的水银中毒

甲基汞当中的汞，其实就是我们常说的水银。众所周知，水银是有剧毒的，而当甲基汞进入人体以后，会在胃酸的作用下形成更易于人体吸收的氯化甲基汞并随着肠道进入血液之中，与红细胞和血红蛋白相结合，最终会进入人的大脑，其次是肝和肾。如果人体摄入了少量的甲基汞，只会出现一些如肝病、肾脏炎和高血压等普通的疾病，但是当甲基汞累积到了一定的程度之后，就会逐渐产生知觉障碍，如视野变得狭窄、四肢神经失调、动作迟缓和言语困难等，更加严重的时候，则会陷入昏迷，全身不由自主地痉挛，最终导致死亡。

10 现代社会的“瘟疫”——艾滋病

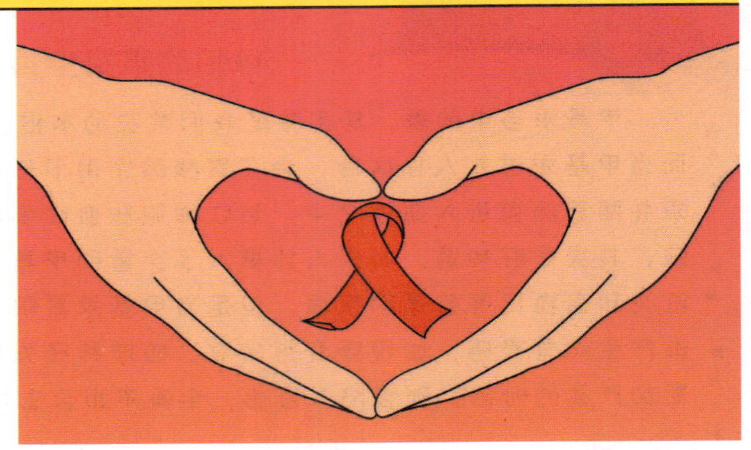

这天，小龙崎问龙博士：“龙叔叔，什么是艾滋病？”

龙叔叔说：“艾滋病简称AIDS，是由一种能攻击人体免疫系统的病毒引起的，经由血液感染。”

“为什么一提起它，每个人都毛骨悚然，唯恐躲之不及？”

龙叔叔说：“因为如果不幸被这种病毒缠上身，慢慢地，人体就会对威胁生命的任何病原体都失去抵抗能力，后果可想而知。”

1984年，在全球范围内，艾滋病患者不足3000人。如今，可怕的艾滋病病毒已夺走大约2500万条鲜活的生命，死亡人数超过第一次世界大战中死亡的人数。另有3300万人受感染，因为艾滋病，超过1100万名儿童至少失去了双亲中的一位。因此，人们把艾滋病称为现代社会的“瘟疫”。

一般来讲，艾滋病人很怕别人知道自己得了这种病。一旦被别人知道，大家就会向自己投来异样的眼光。

龙叔叔看了小龙崎一眼，接着说："还有一个才 9 岁大的小女孩得了一场大病，经过输血感染了艾滋病病毒。全家人一下子崩溃了！在好心人的援助下，她在爸爸的陪伴下来到北京地坛医院进行治疗。

"身体瘦弱的小女孩虽然知道自己得的是艾滋病，但并不知道这种病会夺去她幼小的生命。她对有些事情还不能完全理解，但她知道有很多人关心着她，爱护着她。因为生病，

她至今没有上学，但总是微笑着，并拿着一本看图识字的书，用她清脆的童音大声朗读，有时也会拿着铅笔在本子上又写又画，那副样子可认真啦！”

小龙崎同情地说：“艾滋病对于这样的家庭来说真是一场巨大的灾难啊！现在这种病能治好吗？”

龙叔叔说：“艾滋病病毒被发现后，人们以为就像抗生素和牛痘疫苗的发明一样，可以很快找到对付它的有效药物，从而阻止它的蔓延。然而，20 多年过去了，人类仍然没有看到完全战胜艾滋病病魔的希望。不过，人们仍然积极地与之对抗着，并没有丧失战胜它的希望。”

不可不知的事

一般性接触或蚊虫叮咬不会感染艾滋病病毒

艾滋病是一种死亡率较高的严重传染病。20 世纪 80 年代，艾滋病开始在中国出现。2009 年 10 月底中国公布的死亡人数累计为 5 万人；2010 年 10 月底，与之有关的死亡人数已累计达 6.8 万。这种病毒主要通过血液传播、性交传播、共用针具传播和母婴传播。在日常生活中如果与艾滋病病毒携带者握手、拥抱或一起用餐都不会感染艾滋病病毒；蚊子、苍蝇、蟑螂等昆虫叮咬也不会传播艾滋病病毒。

二、惹人痛恨的
自然灾难

1 白色的死神：雪崩

冬天来临的时候，雪花会一片片地降落到大地和高山上，使它们银装素裹。小龙崎看着外面的雪景，说："雪是多么的纯洁美丽啊，恐怕世界上任何事物都没有办法和它相比。"

龙叔叔走过来说："美只是雪喜欢示人的一面，当大片的雪形成雪崩的那一刻，它美丽背后的恐怖就显露出来了。领教过雪崩威力的人更愿意称它为'白色死神'，因为雪崩的冲击力量是非常惊人的，它极快的速度和巨大的力量能够卷走眼前的一切，包括人的生命。"

"雪崩这么可怕吗？龙叔叔，您快给我讲讲吧。"小龙崎说。

在南美洲的西部，有一个多山的国家，它的名字叫秘鲁。在那里，山地的面积非常大，约占秘鲁国家面积的一半以上，而世人皆知的安第斯山脉的瓦斯卡兰山峰就矗立在此。山峰的山体坡度很大，并且山上总是常年积雪，所以"白色妖魔"总喜欢光临。那里曾经发生了一场巨大的雪崩，它将瓦斯卡兰山峰下的容加依城全部摧毁，使两万居民失去了鲜活的生命。

灾难发生在 1970 年 5 月 31 日晚，由于秘鲁当时十分寒冷，很多人都早早躺下，进入了甜美的梦乡。在 20 时 30 分左右，突然从远处传来了雷鸣般震耳的响声，紧接着大地开始剧烈地颤抖，不一会儿，又传来了天崩地裂般的响声，响声太大，把睡梦中的人们都惊醒了。人们并不知道到底发生了什么事情，可是房屋已经开始东倒西歪并且坍塌下来了。

这时，人们才意识到地震已经降临。可是大家还未来得及逃离，就被压在倒塌的房屋之中……

刚刚遭遇地震厄运的容加依城人，在悲伤中寻找着亲人。有的人正准备逃跑，因为实在害怕灾难再次发生。就在这时，一股巨大的冲击气浪迎面袭来，将人们全部扑倒，同时，巨大的冰雪巨龙呼啸而至。由于速度过快，形成了非常大的空气压力，人们还没来得及逃跑，就被压在冰雪之下，一层层的雪又使许多人窒息而死。

“当时的景象一定很惨！”小龙崎说。

龙叔叔点了点头，说：“根据当时的记载：有的人张着嘴，瞪着双眼而死，仿佛是舍弃不了现实的世界；有的人抱着头，蜷缩着身体，好像在祈祷能够躲过这次灾难；只有少数人没有被冰雪吞没，虽然逃过灾难，却看不出丝毫的喜悦，只是睁着空洞的眼睛环顾着陌生的一切……

“地震之后的容加依城所有的建筑已经东倒西歪了，经过雪崩的冲击，所有的房屋柱梁都被掀到了河谷里，残余的房顶被扔到了远处，连残壁断墙也被生生地压倒在地。大雪崩将容加依城的全部都摧毁了，有两万居民失去了生命，城外的农田、村庄也毁于一旦。”

小龙崎伤心地说：“或许有人觉得雪崩的场面很壮观，而对于秘鲁人民来讲，这场灾难是无穷无尽的悲哀。”

不可不知的事

爱搞“突袭”的雪崩

当白色的雪覆盖了整座大山之后，它并不会像土壤那样安逸地待在山上。由于积雪内部的内聚力抵抗不了重力牵引，它就会大量地向山下滑动。冰雪下滑的速度很快，一般12级风的速度为32米/秒以上，而雪崩却能达到每秒近百米的速度，可想而知雪崩之恐怖。

雪崩都是从宁静的、覆盖着白雪的山坡上部开始的，在它发生前一般不会表现出任何的异样。不知什么时候，雪层就会“咔嚓”一声出现一条裂缝，紧跟着巨大的雪体便开始滑动。雪体在向下滑动的过程中，会像滚雪球一样，增大体积的同时迅速获得了速度。于是，雪体变成了一条几乎是直泻而下的白色雪龙，腾云驾雾，呼啸着、声势凌厉地向山下冲去。

2 铺天盖地的大海啸

早晨，小龙崎和龙博士喜欢一边跑步一边听收音机。这天，小龙崎问："龙叔叔，什么是海笑？海也会笑吗？"

龙叔叔笑着说："你听错了，收音机上说的不是'海笑'而是'海啸'。海啸都是由风暴或者地震引起的，它通常携带着巨大的浪涛，犹如奔跑的猎豹，上下起伏不定。有时候大的海啸可以达到几十米的高度，从远处看就像一堵坚实的'水墙'，还能够摧毁陆地上的一切。"

听了龙叔叔的纠正，小龙崎有些不好意思，又问："人类历史上最大的海啸是哪个？"

龙叔叔想了一下说："那要算智利海啸了，它能够移动上万千米仍不减雄风，足见它的巨大威力。"

1960年5月21日凌晨，在智利中南部蒙特港附近海底发生了世界地震史上最强烈的地震。智利在这次地震的袭击下，建筑物和房屋有的被震裂，有的则被震塌，变成一片废墟。向四周望去，整个城市都是混凝土制造的柱子、机械的残骸以及七零八碎的电线杆……

在经历地震之后，从灾难"魔爪"中逃出来的人们并没有离开废墟，他们努力寻找着亲人，希望通过自己的努力，给亲人生存提供一丝一毫的希望。而躲在海边的人们幸运地避过了灾难，他们很开心自己没有被死神捉走。可是谁也没有料到，真正的灾难才刚刚开始上演。

“地震后又发生了什么事情？”小龙崎迫不及待地问。

龙叔叔说：“大震之后，海水忽然迅速回落，露出了从来没有见过天日的海底，一些鱼、虾、蟹、贝等，在海滩上拼命挣扎。一些有经验的人知道大祸即将来临，纷纷逃向山顶，或登上搁浅着的大船，以躲避即将发生的劫难。大约过了15分钟后，海水又骤然而涨。顿时波涛汹涌澎湃，滚滚而来，浪涛高达8～9米，最高达25米。呼啸着的巨浪，以摧枯拉朽之势，越过海岸线，袭击智利和太平洋东岸的城市和乡村。那些留在广场、港口、码头和海边的人们顿时被吞噬，海边的船只、港口和码头的建筑物均被击得粉碎。

“真是雪上加霜呀！”

“是呀，随即，巨浪又迅速退去。巨浪所过之处，凡是能够带动的东西，都被潮水席卷而走。海潮如此一涨一落，反反复复，持续了将近几个小时。那些在地震中被掩埋于碎石瓦砾之中还没有死去的人们，却被汹涌而来的海水淹死。在几艘大船上，有数千人在此避难，但随着大船被巨浪击碎或击沉，人们顿时被波浪吞没，无一人幸免。太平洋沿岸，以蒙特港为中心，南北800千米，几乎被洗劫一空。

“这次大海啸，除智利之外，还涉及相当广泛的地区。太

平洋东西两岸，如美国夏威夷群岛、日本、俄罗斯、中国、菲律宾等许多国家与地区，都受到了不同程度的影响，有的损失也十分惨重。”

听完龙叔叔的讲述，小龙崎心有余悸地说：“无情的大海啸真是太可怕了！”

不可不知的事

海啸后，河马与乌龟成了“忘年交”

1岁的小河马与130岁的乌龟相互依靠，共同生活在一起，这多少让人觉得不可思议。在非洲的一个公园中，就生活着这样一对“忘年交”。2004年末，肯尼亚爆发的洪水淹没了河马的栖息地，而紧接着，印度洋的海啸将一头仅仅1岁的河马冲进了印度洋，最后被人们发现并救了起来。被救后，成为孤儿的小河马与公园中的百年大海龟“一见如故”。不久之后，它们便形影不离，相依相伴。这段“忘年交”还被拍摄成纪录片传遍全世界。

3 摧毁力巨大的泥石流

这天，小龙崎问叔叔龙博士：“龙叔叔，什么是泥石流？”

龙叔叔说：“泥石流就是大量的泥沙、石块等固体物质在重力和水的作用下，沿着斜坡突然流动。它就像可怕的猛兽，不但体积庞大，而且‘奔跑’迅速，在短短的时间内就能够吞噬一切，并造成巨大的损失。1985 年发生在哥伦比亚的特大泥石流，就是这样的残忍和绝情。”

“龙叔叔，您能给我讲讲那次泥石流的经过吗？”小龙崎央求着。

在南美洲哥伦比亚的阿美罗地区，有一个叫作鲁伊斯的火山。谁也不会想到，这个被认为将不会有任何“举动”的“死火山”，竟然有一天会“发怒”，并带来了更可怕的“猛兽”——泥石流，从而给阿美罗地区带来了巨大的灾难。

1985 年 11 月 13 日夜晚，11 点的钟声刚刚敲过之后，鲁伊斯火山就开始不断地喷出炙热的岩浆。由于温度太高，将山上累积多年的积雪融化，它们顺着山脉向下流淌，在流动的过程中不断积累着泥沙和碎石。如此庞大的泥石流犹如脱缰的野马，向山下奔腾而来。顿时鲁伊斯山附近的 3 条河流就全部被泥浆覆盖，并且溢出河床，形成了一片黏稠的汪洋。

“这么可怕的泥石流一旦冲到城市那真是不堪设想了。”小龙崎说。

龙叔叔点了点头，说：“可怕的泥浆、碎石汇成的洪流很快就向阿美罗袭来。当地居民由于白天的劳累，早已进入了梦乡。所以很多人在还没弄清楚到底发生了什么事情的情况下，就葬身在 10 多米深的泥浆浊流中。无情的泥石流根本不给人们反抗的机会，它以 50 千米 / 小时的速度冲击了近 3 万平方千米的土地，其中包括城镇、农村、田地，哥伦比亚的阿美罗城成为废墟，造成 2.5 万人死亡，15 万家畜死亡，13 万人无家可归，经济损失高达 50 亿美元。

“1998 年 5 月 6 日，意大利南部那不勒斯等地区突然遭受到非常罕见的泥石流灾难的攻击。此次灾难共造成 100 多人死亡，200 多人失踪，2000 多人无家可归。萨尔诺村 56 岁的福尔斯勒在睡梦中被怪声惊醒，他想打开门看看究竟。太太帮他打开电灯，就在福尔斯勒开门的一刹那，一股巨大的泥流将他掀翻在地，他的太太在惊恐万分中试图伸手拉起她的丈夫，但更多的泥流不断涌入，泥流上涨，她只好跳上桌面避难，眼睁睁看着自己的丈夫被泥流吞没。就像这样，许多人被泥流无声无息地淹没、冲走，甚至连呼救的机会都没有。”

小龙崎问：“泥石流为什么会有这么大的破坏力？”

龙叔叔说：“泥石流就是一股泥石洪流，一般都是瞬时暴发的，并且发生于火山多发的地区。由于它流速快、流量大、破坏力极强，一旦发生，常常会冲毁公路、铁路等交通设施，因此给人们带来巨大的损失。”

不可不知的事

发生时间最短的泥石流

台湾高雄县的小林村曾经发生了一次特大的泥石流。泥石流排山倒海般倾泻而下，才短短的5秒钟，整个小村就被完全掩埋。据获救的村民介绍，村里状况很惨，由于村子小，泥石流严重，全村房舍已在“地图”上消失。直升机前往灾区救出了44人，但是他们并无劫后余生的喜悦，因为绝大多数村民都被泥石流活埋了。确实，在小林村的1300多人中，只有150多人躲过了这一劫难，其他的人都随着房屋的坍塌而离开了世界。

4 可怕的黑色沙尘

这几天，沙尘暴来到了城市，天空一直都是灰蒙蒙的，家里到处落满了沙土。小龙崎说：“这沙尘暴真讨厌！”

龙叔叔说：“如果说沙尘暴讨厌，那黑风暴可称得上是可怕了。”

小龙崎问：“黑风暴是黑色的风暴吗？”

龙叔叔说：“黑风暴只是沙尘暴的一种，是由强烈的大风和高密度的沙尘混合而成的。当它出现的时候，狂风会将沙尘吹成一堵坚实的‘墙’。由于灾害发生时周围能见度极低，就像黑夜一样，因此被称为‘黑风暴’。北美洲一直是世界上黑风暴灾害最为严重的地区之一，而 1934 年发生在美国西部的这场黑风暴也是近 300 年来危害最大的一次了。”

“那黑风暴有多么可怕？”小龙崎又问。

1934 年 5 月 11 日凌晨，美国西部刮起一阵阵遮天蔽日的黑风暴，从西向东足足刮了 3 天，形成一个东西长 2 400 千米，南北宽 1 440 千米的黑风暴带。黑风暴所到之处，河水断流，水井

干涸，大地龟裂，植物枯萎。本来就遭受旱灾的小麦大片枯死，很多牲畜因为没有水活活地被渴死。人们眼睁睁地看着黑色的狂风毁坏身边的一切，却没有半点能力阻止。这场黑风暴影响到了美国 2/3 的地区，数千万人流离失所。风暴还刮走了肥沃土地上的土壤表层，露出贫瘠的沙质土层，彻底改变了土壤的结构，从而阻碍了灾区以后的农业发展。

1969 年 1 月，前苏联黑海东北岸的克拉斯诺达尔、罗斯托夫一带，突然刮起大风，风越来越大，刮得天昏地暗，飞沙走石，一连几天都不停。1 200 万多亩的麦苗被吹得满天飞扬，暴风卷起棕黑色的土壤层，形成了黑色的雾浪，长达几百千米，影响的范围虽然没有美国的那一次黑风暴大，却是近十几年来少见的。类似的黑风暴现在还在世界各地出现。

“为什么这些地方会出现黑风暴呢？”

“原来，黑风暴是人类自己制造出来的，科学家经过调查，揭开了黑风暴的秘密。美国的黑风暴形成的原因是：第一次世界大战后，小麦价格猛涨，美国中部的农场主为了追求高额利润，把大片草原开垦为麦地，森林被砍伐，草原被弃毁，水土流失严重，使油绿的原野变成了荒漠。前苏联的黑风暴形成的原因也是一样。黑海东北岸是顿河流域，过去长着大片森林草原，后来森林被砍伐，草原被开垦，土壤失去了植物的保护，变成了干燥

的泥沙。裸露的大地在烈日照射下，地面的热空气迅速上升，周围的冷空气迅速涌过来补充，强烈的对流形成暴风，暴风挟带着泥土扶摇直上，横冲直撞，成了黑风暴。”

“由此可见，要减少黑风暴和风沙的灾害，人们必须合理利用自然资源，进一步营造防护林。绿色的森林既可以改变气候，还能够美化环境。”小龙崎若有所思地说。

不可不知的事

沙尘暴对于生态系统的作用

每当提起沙尘暴，人们总会想到它给生活带来的不便。虽然沙尘暴的危害很大，可是整个沙尘暴的过程却是自然生态系统不能或缺的部分。澳洲的赤色沙暴中夹带着的大量铁质，已证明是南极海洋浮游生物重要的营养来源，而浮游生物又可消耗大量的二氧化碳，以减缓温室效应的危害。因此沙尘暴的影响并不总是坏的。如果站在另一个角度上说，沙尘暴也许是地球为了应对环境变迁的一种反应，就像我们感冒时发生咳嗽是为了排除气管中的废物一样。由于沙尘暴多诞生在干燥、高盐碱的土地上，它所夹带的一些土粒当中也经常带有一些碱性的物质，所以往往可以减缓沙尘暴附近沉降区的酸雨作用或土壤酸化。

5 热浪滚滚夺人命

每当提起寒冷，小龙崎就会毛骨悚然，因为他觉得过低的气温会将人的手脚冻坏。龙博士告诉他：“虽然夏天的温度很高，但是并不会像寒冷那样直接伤害人的身体。不过，你可能想不到，炎热也能带来意想不到的灾难。”

“天气炎热就去吹空调、洗澡，怎么会带来灾难呢？”小龙崎有些想不明白。

当天气长期保持过度的炎热，并且伴随着很高的湿度时，就会形成热浪，它通常会与地区相联系。同样的高温对于一个较热的地区来说是正常的温度，而对一个通常较冷的地区来说可能就是热浪。高温一般不会引起人的死亡，而热浪却不同于高温，由于带有很强的湿度，体质差的老人很容易因为受不了热浪而死亡。

芝加哥是美国的第三大城市，同时也是美国文化、金融等行业的交易中心。在1995年7月12～19日，它却遭遇了特大热浪的袭击，当时人们身体感受到的温度最高达

41℃。热浪带来的影响实在是太大了，开始的时候人们争相购买空调，都希望以此来降温。后来空调脱销了，人们又涌向游泳池。随着时间的推延，人们显得越来越脆弱，同时正常的生活秩序完全被打乱了。在校车开往学校的路上，由于温度过高，很多孩子在车上中暑；在街道上，疯狂的人们开始打开街道上的消防栓，以喷出的水来降低自身的温度。这样的降温方法导致城市中很多地方的水压急剧下降，多处停水，有的居民楼停水达 3 天之久。同时，电力公司系统崩溃，很多地方没有了电。

2013 年中国南方的许多城市也都遭遇了百年不遇的热浪袭出，以上海为例，40℃以上的高温持续了 4 日。

“热浪下的人们怎么样了？”小龙崎很担心地问。

龙叔叔停了一下，接着说：“等到了 7 月 14 日，连续 3 天的高温使很多人都病倒了。救护车和急救用的警车、救火车在城市里穿梭着，很多急诊室满员，救护车不得不载着病人寻找还能接收病人的医院。有些独居的老人在不为人知的情况下孤独地死去，直到身体腐烂的味道蔓延出来才被发现。暴增的死亡人数给验尸和停尸的机构带来了巨大的压力，载着尸体的警车在停车场里面排成了队。存放尸体的冷库满员了，很多尸体被散放各处，虽然已经作了死亡诊断，但因为找不到亲属，一直无人认领。很多辆冷藏车停在停尸房的车场，它们为警车、新闻车、殡车、私人车所簇拥着。这些情景出现在电视画面和报纸图片上，传遍了整个世界。热浪还加剧了长达一年的干旱，摧毁了整个芝加哥的农业，长期干旱的天气导致了当年夏天横扫黄石国家公园和美国总统山的一场野火，成千上万的人死于各种因酷热导致的疾病。”

听完龙叔叔的讲述，小龙崎说：“热浪真是太可怕了！”

不可不知的事

被热浪袭击的幼儿园

在芝加哥这座城市中，有一个名为奥蒂茨的妇女，她在自己家里开设了一个小型的幼儿园。热浪发生后不久，人们并没有意识到会有灾难降临，因此她开着自己的大客车，带着10个孩子去一个有着空调的电影院看电影。看完电影后便开着车送孩子们回到幼儿园。由于当时温度很高，每个人都已经筋疲力尽了，孩子们很快就进入了午睡状态。客车到幼儿园后，她以为孩子都下车了，就关上车门带孩子回到教室。一个半小时后，她回到车中，当她打开车门时才发现，有两个男孩被遗忘在了车上，而他们已经死于高温了。

6 火山湖喷出的可怕"幽灵"

暑假里，叔叔龙博士带小龙崎去中国美丽的火山湖——长白山天池旅游。看着湛蓝的天空、波光闪闪的湖水、倒映在湖水中的青山和绿树，小龙崎禁不住赞叹道："这里真是太漂亮了！"

龙叔叔边看边说："是呀，这里的景色确实十分优美。不过，这样美丽的火山湖有时也会'杀人'的。"

"啊？是真的吗？火山湖怎么会'杀人'呢？"小龙崎不解地问。

在离喀麦隆首都雅温得300千米远的地方，有一个名叫"尼奥斯"的火山湖。它就是火山喷发后逐渐积水形成的。在尼奥斯湖畔有一座活火山，叫"阿库火山"，虽然已有百余年没有喷发，但却一直慢慢地从湖底的火山裂缝中散发出二氧化碳，并慢慢渗入尼奥斯火山湖中。

在喀麦隆，像这样的火山湖共有几十个。因为火山湖的周围风光十分秀丽，所以爱好旅游的人们都喜欢去欣赏火山湖与众不同的美。可是人们没有想到，在尼奥斯火山湖的湖底，正发生着化学反应。微妙的化学平衡使含有大量碳酸氢盐的湖水处于湖的最底层，而

碳酸氢盐素来不稳定，如下雨的时候，雨水进入到湖中，使得湖水出现搅动，那么含碳酸氢盐的深水就会上翻，释放出大量的有毒气体。然而，美丽的尼奥斯火山湖看起来是那样温柔平静，它似乎从未想要向人们展示自己的另一面。人们谁也没有想到，尼奥斯火山湖会突然卸下它伪装的面具，露出了本来凶狠的面目。

“到底发生了什么事情？”小龙崎不禁抓住了龙叔叔的胳膊。

龙叔叔摸了一下小龙起的头，说：“1986 年 8 月 21 日晚，住在湖边山坡上的一位名叫哈达里的牧民劳累了一天，刚刚躺下，突然，一阵隆隆巨响把他一家震醒。哈达里奔出茅屋，只见湖中升起鬼怪似的一个长柱，烟雾腾腾，升到高处后，又跌落下来。一阵狂风吹过湖面，迎面扑来一股难闻的臭鸡蛋味，几乎令他窒息。哈达里赶紧招呼全家上了山，挤在草丛中。湖中的烟柱喷涌了一个小时，哈达里全家吓得整整一夜不敢动弹。

“第二天早上，哈达里从山上走下来，只见到处是倒毙的牲口。村子里，有许多尸体跌伏、倒卧在门槛边、床上和厨房里。有的厨房里还有未做好的饭菜。尼奥斯湖畔一片寂静，简直看不到一个会动的生命，山野里躺着 3000 多头牲口的尸体，却没有苍蝇和兀鹰去光顾，因为它们也全部死光了。湖面上飘浮着一层红色。巨浪把湖边的植被冲去多半，浮在水面。这股厚达 50 米的烟云飘了 16 千米，笼罩了湖下游的下尼奥斯村，全村 1200 多人在睡梦中窒息而死，邻近几个村也有 500 多人丧生。”

“湖里喷出的气体到底是什么东西，这么可怕？”小龙崎惊奇地问。

龙叔叔接着说：“在这场灾难之后，喀麦隆政府向国际社会发出紧急求救呼吁，全世界很多国家的专家、医生纷纷赶到喀麦隆尼奥斯火山湖附近的受灾区，人们竭尽全力抢救每一个尚存一息的受害者。在控制住灾情后，科学家又将各种先进仪器运抵尼奥斯火山湖边，发现尼奥斯火山湖喷出的气体是由一氧化碳、二氧化碳、硫化氢混合而成的毒气，这种混合毒气一经扩散，可在短时间内造成大范围杀伤。”

不可不知的事

火山湖和长白山天池

提到火山湖，大家会觉得它一定和火山有关，事实也确实是这样。当火山喷发后，因为火山里的大量浮石被喷出来，加上挥发性物质的散失，就会引起火山颈部塌陷形成漏斗状洼地，于是便形成了火山口。后来，不断的降雨、积雪融化或者地下水的渗入，使得火山口逐渐储存了大量的水，水越来越多就形成了火山湖。我国的长白山天池就是这么形成的。天池是中国和朝鲜的界湖，湖的北部在吉林省境内，是松花江、图们江、鸭绿江三江之源。因为所处的位置高，水面海拔达2000多米，所以它被称为“天池”。

7 通古斯河畔上空的大爆炸

这天，小龙崎正在吃饭，忽然电视里播报说，有一个城市里的化工厂发生了爆炸，声音震耳欲聋，还燃起了大火。小龙崎看着电视里的画面说："真是太可怕了！虽然爆炸没有发生在咱们这里，但只要想象一下，就会觉得毛骨悚然。"

龙叔叔放下筷子，说："人类历史上的爆炸事件很多，如果说起最神秘、最惊心动魄的，就不得不提通古斯大爆炸了。"

"通古斯大爆炸？那是怎么回事呢？"小龙崎很好奇地问。

通古斯河是俄罗斯的一条安静的河流，它一直默默无闻地流淌着。可是伴随着1908年6月30日的巨响，它为全世界所熟知了。

当地时间早上7时15分左右，通古斯河畔发生了一声"嘭"的巨响，同时巨大的蘑菇云腾空而起，天空顿时出现了一道刺眼的白光，气温也突然升高了。此时，当地人看到一个巨大的火球划过天空，这个火球的亮度可以同太阳相比。数分钟后，一道强光照亮了整个天空。爆炸后，爆炸中心生机勃勃的树木全被烧焦，70千米以内的人被严重烧伤。由于爆炸声音太大，在毫无防备的情况下，刚刚还能够听到巨响的人们，下一秒钟竟然被声响震聋了耳朵，从此，再也听不到声音了。紧跟着，冲击波将附近窗户的玻璃全部震碎，不但附近的居民被突然到来的大爆炸吓得惊恐万分，而且这个爆炸还涉及其他国家：英国首都伦敦因此电灯突然熄灭，一片黑暗，整个城市弥漫在恐怖的气氛之中；欧洲很多国家的人们在黑暗的夜空中看到了白昼般的闪光；甚至在遥远的美国都能够感到大地的抖动……

小龙崎心有余悸地说："这次大爆炸有这么大的破坏力啊！"

龙叔叔点了点头，说："据后来的估计，这次大爆炸的能量相当于 1500 万 ~ 2000 万吨炸药的威力，并且使超过 2000 多平方千米内的 6000 万棵树全部倒下。同时，这个爆炸还造成了大气压的不稳定，甚至在数月之后，大气的透明度还在降低。

"通古斯附近发生了大爆炸以后，当时的俄国根本无力调查，所以人们笼统地把这次爆炸称为'通古斯大爆炸'。等到苏维埃政权建立了以后，政府才派物理学家去通古斯地区考察，并进行了空中勘测。发现爆炸造成的破坏面积达 2 万多平方千米，可是奇怪的是爆炸中心的树没有完全倒下，不过树叶却完全烧焦了。并且发现爆炸后的树长得非常快，就连年轮的宽度都增加了好几倍，曾经在爆炸地区生活的驯鹿得了一种奇怪的皮肤病。

"后来由于第二次世界大战的爆发，考察被迫停止。等到'二战'以后，广岛被原子弹轰炸。看着广岛的废墟，前苏联的一位物理学家想到了通古斯大爆炸，它们之间有太多的相似之处了。首先爆炸中心受破坏，树木直立而没有倒下；其次爆炸中人畜死亡，都是核辐射造成的；在通古斯拍到的那些枯树林立、枝干烧焦的照片，看上去也同广岛十分相似。"

小龙崎歪着头问："难道通古斯大爆炸跟原子弹有关？"

龙叔叔摇了摇头，说："当然不是原子弹，不过有人说是一艘外星人驾驶的核动力宇宙飞船，在降落过程中发生故障而引起的一场核爆炸。这种说法一出现，就引起了强烈反应。支持的人和反对的人都不少。还有人趁机推测说，飞船来到这一地区是为了从贝加尔湖取

得淡水。还有人说，通古斯驯鹿所得的怪病和美国新墨西哥进行核试验后当地牛群受到辐射后的皮肤病很相像。1973年，一些美国科学家对此提出了新见解，他们认为爆炸是宇宙黑洞造成的。他们猜测是某个小型黑洞运行在冰岛和纽芬兰之间的太平洋上空时，引发了这场爆炸。但是关于黑洞人们了解得实在是太少了，所以黑洞是否存在都是个问题。因此，这种见解缺少足够的证据。直到今天，通古斯大爆炸之谜仍未解开。”

不可不知的事

第一位到达通古斯现场的专家

在通古斯大爆炸之后，第一位到达现场的是前苏联科学家莱奥尼德·库利克。他认为1908年通古斯大爆炸是由于一颗流星落到了地面。后来，美国科学家也在实验室里用计算机模拟出了陨石高速撞地引发的大爆炸效果，并运用计算机很好地模拟了当年通古斯周边地区的景象。但令人感到遗憾的是，很长时间以来，所有的实地考察都没有发现任何陨石残骸。

8 无情的大火毁全城

这天，叔叔龙博士正在给小龙崎宣传消防知识。他问：“小龙崎，如果家里失火了应该怎么办？”

小龙崎不假思索地说：“要赶紧拨打 119 火警电话，这样可以迅速得到消防队的帮忙，从而将家里的大火扑灭。”

龙叔叔点点头说：“你说得很对。因为无情的大火不但能把整个房子烧掉，而且还会危及周围人们的生命安全。曾经有过这样一场大火，它几乎将整个城市吞没，给人们带来了巨大损失。”

小龙崎问：“这场大火发生在哪里？怎么这么严重？”

龙叔叔说：“这场大火发生在 1666 年的伦敦。”

布丁巷位于伦敦城拥挤地区的中心，同时也是附近伊斯特奇普市场的垃圾堆放地，很多伦敦平民都住在那里，而就是这样的一个极其普通的地方，却几乎毁了整个伦敦。

让我们把时针拨回到 1666 年 9 月 2 日的凌晨 2 点，一位面包师傅在一天的工作结束之后，却忘记了关上烤面包的炉子。这时候，“惊喜万分”的火苗就立刻蹿出了炉子，进而烧着了整间面包店，同时，还引燃了附近一家客栈庭院中的干草堆。熊熊火焰冲天而起，无数的居民迅速地跑到街上围观，但是却没有任何人感觉到震惊。因为当时的伦敦到处都是木质结构的房子，起火似乎都是司空见惯的“小事”，而且，

以往的大火也并没有酿成任何的大祸。所以人们理所应当地认为这次大火也一样，包括当时伦敦市长在内的所有人都是这么认为的。甚至伦敦市长在视察了现场之后还这样说道：“呸！这样的小火，一泡尿就可以浇灭！”

当晚，住在附近的一位爵士在看到大火之后也并没有在意，站在窗前看了一下后，就又倒头大睡了，甚至于在第二天都没有把这件事情告诉国王。因为那一天是星期天，他觉得没有必要因为这么一件“小事”，去打扰国王愉快的假日。

小龙崎迫不及待地问：“后来怎么样了？”

龙叔叔说：“以后的事态却并没有按照市长和那位爵士的预测，朝着乐观方向发展。恰恰相反，火势的发展完全超出了所有人的预料，仅仅一天的时间，大火就烧到了伦敦的泰晤士河畔，岸边的那些装满了木材、油料和煤炭的仓库就像是炸弹一样，一个接着一个地发生了爆炸。并且在热风的不断吹拂下，大火迅速地扑向了整个伦敦。

“三天以后，整个伦敦就已经有超过 1300 间房屋和 87 个教区的教堂化为灰烬，300 亩的土地被烧成了焦土，就连在泰晤士河对岸的市政厅和伦敦市金融中心的王室交易所也未能幸免。其中，灾情最严重的还要属圣保罗大教堂了，大火产生的热浪引得石造物发生了爆炸，许多古墓就这样被炸开了，露出了许多难看的木乃伊形状的尸体。整个大教堂的顶部在大火中熔化，那些被熔化的铅熔物淹没了附近的街道。然而幸运的是，大多数的居民都有着充裕的时间逃离灾区，在伦敦的道路上，你常常能看到许多装载着各种家产的手推小车。”

不可不知的事

置之死地而后生的灾难

我们知道，一场大火毁灭了整个伦敦，但是，毁于大火中的伦敦需要重建，而伦敦重建则强有力地拉动了内需。1666年10月1日，英国王室聘请了一位建筑大师参与了伦敦的重建，重建工程包括皇家的肯辛顿宫、汉普顿宫、大火纪念柱、皇家交易所和格林尼治天文台，当然，还有在大火中遭到焚毁的圣保罗大教堂，也正是这些工程，让英国的经济开始腾飞。其中圣保罗大教堂从1675年开始重建，直到1710年才算完工，整个工程耗费了75万英镑。对此，就连英国人自己也自嘲地说："如果没有那场大火，伦敦乃至整个英国的经济也许都不会有这么快的起色。"

9 被火山毁灭的古城

这天，小龙崎拿着一本书来到龙叔叔房间，指着一幅图片问他：“龙叔叔，这上面画的山怎么会喷出火来？”

龙叔叔看了一下，说：“这是一座火山。地球上有许多大小不等的火山，它们不均匀地分布在世界各地，安静得就像个‘睡美人’。不过人们可不要掉以轻心，火山的‘脾气’可是说变就变，一旦它发起‘怒’来，就会从火山口喷出炙热的岩浆。”

听龙叔叔一说，小龙崎好像想起了什么，问：“我听说曾经的庞贝古城非常繁华，可在一夜之间就被火山喷发彻底毁灭了。那是怎么回事？”

早在公元前8世纪，有一个依附于地中海生存的小渔村，它的名字叫庞贝。庞贝人不但聪明而且勤劳，因此经过了几百年的发展和壮大，庞贝终于成为商贾云集、美丽富饶的城市。

在庞贝城北有一个著名的活火山——维苏威火山。在过去的1万多年中，它总会不时地喷发，所以光秃秃的山上一直没有长植物。在公元79年8月初，随着地球内部压力的升高，维苏威火山周围地区发生了多次震颤，很多井水都干涸了。8月20日，这个地区发生了一次震级不高的地震，惊慌不安的家畜群、出奇安静的鸟仿佛要告诉人们什么。

8月23日夜晚，火山灰开始不断地从火山口溢出，当时的庞贝居民根本没有想到将会

发生多么残忍的事情。下午1点钟左右，火山开始露出了狰狞的面目，瞬间就喷出了灼热的岩浆。岩浆四处飞溅，遮天蔽日。随着巨大爆炸声的响起，熔岩迅速地喷向大气层，浓浓的黑烟夹杂着滚烫的火山灰铺天盖地地降落在这座城市，令人窒息的硫磺已经弥漫在空中。

“城内的人们都怎么样了？”小龙崎担心地问。

龙叔叔接着说：“很多还在睡梦中的人们就被深深地埋在了火山灰下面。有的人及时发现了灾难的到来，不顾一切地向外奔跑，就在奔跑的过程中，被灼热的岩浆掩埋。滚烫的岩浆掀起一股热浪，力量非常大，瞬间就将人们完全掀翻在地，甚至城中高大华丽的建筑都被推倒。灼热的岩浆就像土匪一样，所经之处一切都被毁灭。就这样，古罗马的第二大城市、拥有2万多人口的庞贝，在顷刻间就被熔岩和火山灰覆盖了。美丽富饶的庞贝瞬间不复存在。”

“后来人们是怎么发现庞贝城的呢？”小龙崎又问。

龙叔叔说：“随着时间的推移，庞贝已经渐渐地被人们忘记了。后来，人们发现维苏威火山山脚一带长满了茂密的森林，当人们伐去树木之后，便裸露出黑油油的土地，于是大家就在这富饶的土地上面种植葡萄。1748年的春天，一名农民在深挖自己的葡萄园时，发现了一个柜子，打开一看，里面竟是一大堆熔化、半熔化的金银首饰及古钱币。消息一传开，便引来一批历史学家与考古专家，经过百余年七八代专家的持续工作以及数千名工作人员的辛勤努力，庞贝古城当年那惊心动魄的一幕终于真实地再现于世人面前。

“那是多么令人惊骇的景象啊！许多人在睡梦中死去，也有人躺在了家门口；不少人家的面包仍在烤炉上，狗还拴在门边的链子上；图书馆架上摆放着草纸做成的书卷……这些景象，充分展示了火山喷发的突然性。”

听了龙叔叔的讲述，小龙崎不觉一阵阵发怵，说：“火山的喷发确实太无情了。”

不可不知的事

居住在火山附近的人们为何不害怕它

火山的喷发并不是件好事，按说人们应该远离那些可能喷发的火山才是。然而，越是距离火山近的地方，人口往往越稠密。维苏威火山是座活火山，它总是定期喷发，夺走过很多人的生命。可人们依旧在那里居住，他们难道不害怕吗？其实火山喷发喷出的火山灰是极好的天然肥料，它含有多种农作物所需的养分。虽然火山喷发起来是有危险的，但是在人们的心目中，还不知是哪一年才会发生的事呢。因此，在火山喷发后，人们仍然到那里去生活。

10 干旱带来的无穷祸患

这天，电视上出现了这样的画面：烈日炎炎，大地龟裂，一条条黑色的裂痕就像蜘蛛网一样铺满了整个地面。农田里一片荒芜，原本应该欣欣向荣的农作物此刻却低着头，弯着腰，整个躯体一片枯黄，那枝头的果实也变得十分干瘪。

看到这里，龙叔叔不禁感慨说：“那该死的旱灾又来了。”

小龙崎问：“旱灾是怎么发生的呢？会造成什么可怕的后果呢？”

一般来说，春夏超过半个月没有任何降雨，或者秋冬超过一个月没有任何降雨的话，就可以称为干旱了；而如果春季连续无降雨的天数超过了两个月，夏季超过了一个半月，秋冬季超过了三个月的话，那么，这就形成了特大干旱。而一旦一个地区开始了特大干旱的话，那么干涸的湖泊、断水的河流、干裂的土地、枯黄的植物和尸横遍野的动物将会变得随处可见。

众所周知，旱灾之所以会出现，就是因为缺少生命之源——水。世界上的生物都离不开水，而我们人体细胞的重要组成部分也是水。人如果不进食的话，兴许还能撑上一两个星期，但是如果没有水的话，最多也就只能活几天。对于植物来说，它们对水的需求甚至超过了我们人类。因此当旱灾发生的时候，植物体内的叶绿素会因为缺少水分而无法进行光合所用，从而无法得到生存的养分，这样它们只能活活被“饿死”。因此，我们总是能在旱灾地区看到大片枯黄的田地。农作物的死亡，将导致人们颗粒无收。

“世界上都有哪些地方发生过旱灾？”小龙崎又问。

龙叔叔停了一下，说：“在 20 世纪 70 年代到 80 年代的非洲撒哈拉以南地区，曾经发生过非常严重的旱灾。那次旱灾波及范围极广，囊括了 36 个国家，受灾人口将近 1 亿人，而因此累积的死亡人数多到无法计算。在干旱的不断蔓延下，粮食的产量也在不断地下降。据统计，仅在 1984 年，整个撒哈拉地区的粮食产量就比同期年份减少了 50% 左右，而一些受灾最严重的地区，粮食的减产甚至达到了 80% 以上。

“在干裂的大地上，随处可见一群群沿路乞讨的饥民。他们骨瘦如柴，痛苦地在死亡线上挣扎；他们衣衫褴褛，脚步就好像灌了铅一样的沉重；他们步履蹒跚，仿佛随时都可能倒下。在路边随时可以看到累积在一起的尸体。经过旱灾‘洗礼’的人们实在太饥饿了，因此不管是树皮还是草根，就连那令人恶心的蠕虫，他们都能狼吞虎咽，甚至在有些地方，还发生了人吃人的惨剧。”

小龙崎又问：“这样可怕的灾难在中国发生过吗？”

龙叔叔说：“在世界权威机构统计的 20 世纪发生的十大自然灾害中，还有 4 次可以与撒哈拉地区的干旱比肩的大旱，其中 3 次是发生在我们中国。1920 年，我国北方大旱，山东、河南、山西和河北等省遭受了近半个世纪未遇的特大旱灾，受灾民众超过 2000 万，死亡人数超过了 50 万。1928 ~ 1929 年，陕西大旱，全境有将近 1000 万人受灾，其中高达 1/4 的受灾民众因此丧生。1943 年，广东大旱，许多地方从年初开始，已经连续两个月没有下雨了，因此造成了严重的粮荒，在一些灾情十分严重的村子，人口损失过半。”

不可不知的事

被旱灾毁灭的古希腊迈锡尼文明

在希腊首都雅典西南方向 100 千米的克里特岛上，曾经有一种繁荣了几个世纪的迈锡尼文明。这个迈锡尼文明开始于公元前 16 世纪左右，是整个西方爱琴文明青铜时代的代表。迈锡尼人不仅发明了一种线形文字（分线形文字 A 和线形文字 B 两种。线性文字 B 使用于迈锡尼文明时期，1952 年已被古文字学家破译。而线性文字 A 至今尚未被人破解），而且还建造了高大的城堡，创造了璀璨的文化，即使是在现在，人们对迈锡尼文明的遗址还是充满了震撼。然而就是这样一个文明，却因为连年旱灾导致的饥民暴动而沦为一片废墟，最终被外族入侵，导致了迈锡尼文明的终结。

11 龙卷风到底有多厉害

这天，龙叔叔问小龙崎："你知道在自然界中，什么东西能像陀螺一样旋转，能够发出像狮子一样的怒吼，还能把房屋'撕成'碎片吗？"

小龙崎想了一下，说："是龙卷风！"

龙叔叔点点头，接着说："龙卷风是一种猛烈的、漏斗状的风暴，它总是从雷雨云上旋转而下。如果龙卷风在你附近旋转，千万不要到它的周围去观察，因为它会撕裂许多东西，更可怕的是没有人能够知道它接下来要去哪里。"

小龙崎问："那龙卷风是怎么形成的呢？"

龙卷风是一种灾害性的空气旋涡，因为发生的时候像从水中蹿出的蛟龙，由此得名。当然，它还有"龙倒挂""龙吸水"等别称。

其实，龙卷风喜欢出现在夏天的雷雨天中。由于那样的天气很不稳定，因此两股空气就发生对流运动。它们之间会不停地摩擦，从而形成空气旋涡。旋涡形成之后会不断地旋转，并且速度也会越来越快，最终就形成旋转的漏斗状云层。云

层看起来就像从雷雨云上垂下来的大象鼻子，当它接触到地面的时候，就形成了龙卷风，并开始移动。龙卷风是一个猛烈旋转的圆形空气柱，它的上端与雷雨云相连，下端悬挂着空气。它具有很大的吸吮能力，能够把海水和海中的动物吸离海面；也能够扬起陆地上的沙尘，卷走高大的树木和房屋，因此看起来壮观而可怕。

“龙卷风到底有多厉害呢？”小龙崎还在打破砂锅问到底。

龙叔叔想了一下，说：“1925 年 3 月 18 日，一个强大的龙卷风袭击美国，它以每秒 30 米的速度行走了 360 千米，它所经过的地区房屋被卷走，树木被卷起，人们也没有逃脱它的魔爪。据统计，这个龙卷风卷走了 689 人的生命，受伤人数竟达 1980 人！1956 年 9 月 24 日上海出现的一次龙卷风，曾把北郊的一座三层楼房卷塌，一座钢筋水泥的四层楼房也被削去一角。更厉害的是，在浦东有一个重达 22 万斤的大油罐被它吸到四五丈高上空，抛到离原处 120 米远的地方！当时油罐里还有五个人在工作，结果有两人遭受重伤。

“不过，上面所说的只是一些极其罕见的例子。由于龙卷风寿命很短，移动的路径也不长，所以受到破坏的只是一些局部地区。如 1967 年 3 月 26 日在上海出现的一次龙卷风，破坏了 22 座高压铁塔，可是，距离高压铁塔不远的一些小树就安然无恙。有趣的是，曾有人在只离龙卷风破坏区 4 ~ 5

丈远的地方，竟没有感觉到有风。龙卷风的强弱也十分悬殊，有不少弱的龙卷风只能卷起一些稻草和衣物。”

不可不知的事

被龙卷风“拔掉”的鸡毛

一般情况下，经历过龙卷风后还活着的生物是很少的。因为我们都了解，龙卷风的摧毁之力实在是太强大了。可是有只鸡在经历过龙卷风之后，仍然还活着，不过它身上的毛都没有了，这是为什么呢？有一些科学家将这种现象归因于大气压。当鸡突然置身于龙卷风的低压中心时，鸡毛内的空气压力就高于外部气压，使得鸡身上的鸡毛脱落下来。还有人认为是强劲的龙卷风把鸡毛吹得全部脱落。无论怎样，这都是个不可思议的事！

12 正在“消失”的咸海

电视上正在播放一个关于咸海的纪录片，小龙崎边看边问：“龙叔叔，咸海的水很咸吗？”

龙叔叔说：“是呀，因为湖水的蒸发量远大于流入量，所以相对于淡水湖，咸海的水要咸很多。它地处于哈萨克斯坦和乌兹别克斯坦之间，是一个内流咸水湖。而阿姆河和锡尔河就像它的两位母亲，在不断地供给咸海水源。当然，咸海曾经是世界上最大的内陆湖。”

“曾经是世界上最大的内陆湖？难道它现在变小了吗？”小龙崎又问。

1960 年，咸海还是一个大湖，当时的面积是 6.8 万平方千米。那时候的人们依靠它幸福地生活着。可是随着时间的推移，它开始逐渐缩小了。到了 1987 年，原来的大湖中间开始干涸，分成了两个部分：北咸海和南咸海。曾是世界第一的大湖已经沦为了第八大湖，而它的含盐量却是原来的 4 倍。在 2003 年的时候，南咸海又分成了东咸海和西咸海。往日的咸海已经不复存在，渐渐地，咸海只剩下 1.7 万平方千米了，成了由 3 个小湖组成的湖群。到了 2007 年，3 个小咸海的面积综合起来只是咸海原来的 10%。虽然水量在不断地减小，可是含盐量却在不断地增加，湖中的鱼大多数都咸死了，剩下的只有咸鱼了。

科学家发现，每年都有一定量的地下水涌进咸海，丰富的地下水量出乎专家的预料，但这也没法阻止咸海的干涸。根据现在的数据估计，东咸海将会在 15 年内消失。随着湖水蒸发量持续增加，西咸海预计会在 10 年内干涸。往日热闹的咸海已经成为了历史，人们只能眼睁睁地看着它一点点消失，最后退出人们的视线。

听到这里，小龙崎问："为什么咸海在不断地缩小，是谁向它伸出了罪恶之手呢？"

龙叔叔沉思了一下，说："在 20 世纪初，刚成立的苏维埃政府就想将咸海南部的阿姆河和北部的锡尔河改道，来灌溉水稻、棉花等农产品，人们称这个计划为'棉花计划'。不过，水渠的质量很差，有很多水蒸发和泄漏，白白地浪费了。

"渐渐地，咸海水平面以每年 20 厘米的速度开始下降；到了 20 世纪 70 年代，速度已经到了每年 50 ~ 60 厘米；到了 20 世纪 80 年代，速度达到了每年 80 ~ 90 厘米。棉花的产量在湖水的灌溉下每年都在增加，可是'咸海'已经不复存在了。就是因为这样过度地取水，才给咸海带来了如此大的灾难，而人们看似并不知道悔改，认为咸海本身就会消亡，与其眼睁睁地让它蒸发掉，不如好好地利用这些水。"

最后，龙叔叔说："任何事物都有它内在发展的规律，就像一棵小树，如果给它充足的养料，或许它会顺利长成一棵参天大树，可以不断地为我们人类提供氧气。但是如果在它成长的过程中，你破坏了它的根和枝，它很快就会因为得不到营养而死掉。其实现在的咸海就同这棵小树一样，因为很多的外在原因，湖泊要慢慢消失了。"

小龙崎深有感触地说："这不仅是咸海的悲哀，而且还是我们人类的灾难。"

不可不知的事

咸海引来的灾难

原来的咸海是人类最亲密的伙伴，人们的生活是离不开它的，可是在它受到了“伤害”之后，它开始不断用“行动”来回馈我们人类。

由于湖水不断地蒸发，咸海开始大面积地干涸，此时湖底碱开始裸露。在风力的作用下，大量的盐碱开始撒向周围地区，使咸海周围地区逐渐沙漠化。流沙的发展越来越快，于是就形成了含盐量很大的风暴和盐沙暴。每年发生这种沙暴的次数都在增加，有上亿吨的有毒混合物从盐床上刮起，吹向碧绿的草原，吹向城镇，也吹向覆盖了阿姆河河谷的肥沃的农田。

13 “不沉巨轮”的死亡之旅

刚看完美国大片《泰坦尼克号》，小龙崎就跑来问龙博士：“龙叔叔，《泰坦尼克号》里的故事是真实的吗？”

龙叔叔放下手里的笔，说：“故事里的人物和情节有虚构的成分，但是‘泰坦尼克号’确实沉入了茫茫冰海。”

“那不是要死很多人吗？这次事故是怎么发生的呢？”小龙崎问。

1912年4月10日，英国航海界名流和许多平民百姓聚集在东南部的开普敦港，欢送当时世界上最豪华的客轮“泰坦尼克号”的处女航。这艘客轮拥有皇宫般的舱室，游乐设施也很完备，包括健身房、咖啡厅、壁球厅、游泳室、土耳其浴室、发廊、图书室、舞厅、各式餐厅等。许多达官富豪以能参加这次旅行为荣耀，这次航行的船票很早就预售一空。当客轮缓缓驶离码头时，岸上万头攒动，人们争着看“泰坦尼克号”的雄姿。“泰坦尼克号”在花团锦簇的彩带飘拂下，喷吐着4根巨大的黑色烟柱，进入茫茫的大海，踏上了前往美国纽约港的航程。

“泰坦尼克号”客轮是英国白星海运公司耗费巨资建造的，船长为271米，高度相当于11层楼房，船速为26节，排水量达4.5万吨，其规模之大，豪华程度之高，堪与当代著名的“伊丽莎白女王”号客轮相媲美。“泰坦尼克号”在启航后第4天，即4月13日清晨，在纽芬兰岛前方遇上薄雾。为了尽快抵达目的港，以获取公司的奖励，船长史密斯仍下令全速前进。

一整天雾气不断，到了夜间雾越来越浓，能见距离只有200米，气温也急剧下降。这时，船长突然收到离它150海里远的一艘船发来的电报，通报了有关冰山的信息。船长对此未加重视，也未采取任何措施，船只依然保持全速前进。

午夜11时30分，驾驶员发现前方出现了一个闪闪发光的东西，在时隐时现地向船只靠拢。很快，这个闪光白点越来越大。刹那间，一座光亮耀眼的冰山急速地冲了过来。只见这个庞然大物高出海面40多米，比船上的烟囱还高出一截。船长见状慌了手脚，匆忙下达“停止前进！全速后退”的指令。但无奈为时已晚，闪光的冰墙已贴近船头，只听一声巨响，巨大的冰山擦边而过，把船体上的16个防水舱中的6个撞坏。船头开始进水，水柱像喷泉似的涌了进来。很快船头所有房间开始进水，开动所有抽水设备也无济于事。

小龙崎担心地问：“船上的人都怎么样了？”

龙叔叔心痛地说：“撞到冰山后，船被命令停了下来。一些乘客来到甲板上欣赏夜景，而此时船上有三根烟囱柱子突然发出了很大的响声。船长得到通知后，和其他高级船员一起去检查发生了什么事，检查过 4 个水密舱之后，发现事态已经很严重了，没有办法抢救了，一两个小时后船就会沉没。此后船迅速地下沉，于是船长下令救生艇准备救人。同时‘泰坦尼克号’发出了求救信号。大西洋上的很多船只都收到了求救信号，如‘法兰克福号’‘弗吉尼亚号’……他们接到信号后赶快赶来营救，但是已经来不及了。

“由于船迅速下沉，人们感到万分恐慌，因此抢救工作进行得非常不顺利。虽然人们很绅士地让妇女和儿童先登上救生艇，但是一些救生艇还在半空中就被放了下来，还有一些人为了自己逃命而不顾别人，强硬地挤到救生艇上，让很多人无法登船。凌晨1点 35 分，锅炉室进水了。2 点 10 分，最后一封呼救电报发出。2 点 13 分，29 台大型锅炉互相冲撞着砸破 4 个水密墙，船头部位被砸开了大洞，海水进入。2 点 17 分，海水又涌入中央电力控制室，电源被破坏。2 点 18 分，‘泰坦尼克号’船身断为两截。2 点 20 分，‘泰坦尼克’号沉入了水中，1503 名乘客和船员随它而去。”

不可不知的事

令人感到不可思议的巧合

俗话说：“无巧不成书。”大千世界总是在不断地出现形形色色的巧合。在 1898 年，曾经有一位英国的作家写了这样一部小说，小说描写的是一艘当时号称“永不沉没”的豪华轮船，名为“泰坦”，从英国首航驶向大西洋彼岸的美国。这是人类航海史上空前巨大的、最豪华的客轮，船上装备了当时最为华贵的设施，满船承载的都是有钱的旅客。人们在这艘巨轮上尽情地享受着一切，但是，这艘巨轮首次出航就在途中撞上了冰山，悲惨地沉没，许多乘客葬身海底。谁也没有料到，小说里的故事在 14 年后真的成为了现实，实在太不可思议了！

14 创纪录的特大空难

这天，小龙崎在书上看到一个新词：空难。他不明白是什么意思，就去问龙博士：“空难是什么意思？是空气造成的灾难吗？”

龙叔叔摇摇头，说：“不是，空难指的是航空事故。而谈到空难，就不能不提到那次死亡人数创纪录的特内里费特大空难。”

“那次空难是怎么发生的？”小龙崎又问。

在 1977 年 3 月 27 日那一天，一声爆炸声在西班牙加那利岛上的拉斯帕尔马斯国际机场的花店内响起。虽然这次爆炸并没有造成重大伤亡，但是仍给人们带来了极大的负面影响。随之，一个恐怖组织发表声明，称对此爆炸事件负责，并且扬言他们还在机场内安放了另外一颗炸弹，随时准备引爆。就在这样的情况下，航管当局与当地的警察被迫对整个机场进行封闭，疏散群众以便检查。对于那天的航班，航管当局只好让它们先全部转降在隔壁的特内里费岛的洛司罗迪欧机场，等到炸弹拆除之后，再飞往拉斯帕尔马斯国际机场。

就是在这个突如其来的情况下，洛司罗迪欧机场内一时间停满了从四面八方被迫转降而来的飞机，因而导致了机场秩序的混乱，而就是这机场秩序的混乱，为后来的空难埋下了伏笔。

“这次空难到底是哪两架飞机相撞了？”小龙崎又问。

龙叔叔说：“本次空难的主角之一，是荷兰皇家航空公司的波音 747-206B 型客机。这架客机是当天早上从荷兰的阿姆斯特丹机场起飞的，机上共有 234 名旅客和 14 名机组人员，由于拉斯帕尔马斯机场的暂时封闭而在当地时间下午 1 点 10 分转降至特内里费的洛司罗迪欧机场。而空难的另外一个主角，则是属于美国泛美航空公司的班机，这架载有乘客 396 人的波音 747-121 型客机是由美国的洛杉矶起飞的，在下午的 1 点 45 分到达洛司罗迪欧机场。”

“它们怎么会撞在一起了呢？”小龙崎还是没听明白。

龙叔叔扶了一下眼镜，说：“到了下午 4 点左右，来自拉斯帕尔马斯机场的消息称恐怖炸弹已经排除，机场将重新开放。因此，所有班机纷纷开始起飞。但是这个时候，天气却突然发生了变化，一场谁也没遇见过的大雾突然笼罩了整个洛司罗迪欧机场，能见度逐渐变差。

“由于风向的原因，机场控制塔台通知两架飞机都必须滑行到 30 号跑道的尽头，转个 180 度的大弯，最后沿 30 号跑道起飞。首先荷兰客机进行了滑行，而美国客机紧随其后，由 C3 滑行道处转弯离开主跑道。可是就在这个时候，由于大雾的原因，不管是荷兰客机、美国客机还是机场控制塔台，三方都无法准确地看到对方的动态，再加上当时秩序的混乱，多重联络信号的互相重叠，因此当荷兰客机开始奔驰起飞之时，美国客机正好位于它的前方。当双方互相发现对方的时候已经晚了，不管是荷兰客机还是美国客机的机长都在第一

时间作出了反应，但仍然无法挽救大局，刚刚飞离地面的荷兰客机狠狠扫过了美国客机的机身中段以后又继续爬升了100尺左右后突然失控，随即坠落在地面，当场爆炸。而美国客机也在被撞击后爆出大火，断裂成好几块，创下了总共583人死亡的黑色世界纪录。”

不可不知的事

总统也无法幸免的空难

命运对所有人都是一视同仁的，因此，总统也无法避免空难的噩运。就在2010年的4月10日，波兰总统卡钦斯基乘坐的一架飞机在俄罗斯斯摩棱斯克州北部的一个军用机场降落时失事，机上96人全部遇难，其中就包括波兰总统和总统夫人。当时调查人员称，有关飞机失事的原因有多种推测，包括天气原因、人为错误和技术故障等。俄罗斯国家间航空委员会，2011年1月12日公布波兰前总统专机空难的最终调查报告称，坠机的直接原因是在恶劣的天气状况下，机组拒绝前往备用机场降落，最终导致悲剧发生。

三、能惑人心智的伪科学

1 “信息水”“信息茶”的真伪

这天，小龙崎在一张宣传单上看到一种叫信息水的东西，上面说用信息水能治很多疾病。信息水止痛，既可外用，也可内服。功力高的气功师制作的信息水一进入患者体内（皮肤）即时就起作用，止痛效果确实快，也曾令很多患者赞叹其为“特效神水”。

回到家，他拿着宣传单问：“龙叔叔，这上面说的是真的吗？”

龙叔叔看了一下，说：“这在报纸上早就有过揭露，是伪气功，千万不能相信。”

“哦，那宣传单上说的‘信息水’是什么东西呢？”

所谓“信息水”，就是指被气功师发出“外气”处理过的水。“气功大师”说，喝了这种信息水，可以为病人诊病、治病，患者病变部位会出现异常感觉，坚持长期饮用，就能收到疗效。自然，被气功师发过功的茶就叫“信息茶”了。喝了信息茶，自然能提神养身、退病消灾、长命百岁了。

所谓信息水、信息茶治病健身，是典型的心理暗示疗法，当患者接受并强化了气功师给予的“信息水能给病变部位异常感觉”的暗示后，患者对自己身体的有关部位，

尤其是病变部位会形成一种精神集中的被动意守和仔细体验，从而出现各种平时自己体会不到的感觉，甚至出现相应的幻觉。据实验室测定，在催眠下给予暗示，受试者可将一杯白水当作糖水而喝得津津有味，还可能出现幻味、幻视、幻听。在催眠麻醉下，可以完成多种手术。在心理暗示下，妇女可以出现假孕，不仅有停经和嗜酸、呕吐等妊娠反应，而且会发生腹部膨大的形态改变。

听到这里，小龙崎说："看来，这种心理暗示的力量，与气功师所谓的超自然的神秘力量根本风马牛不相及。"

龙叔叔接着说："是呀！心理学家还做过这样的实验，对判处死刑的囚犯，在征得同意的基础上，将囚犯带到行刑的房间，使他看到接血的盆子、手术刀等器具，然后蒙上囚犯的双眼，全身固定。这时，用手术刀刀背划其皮肤，然后将事先准备好的温水倒到划过的皮肤上流到盆子里发出声响。这时，只见囚犯面色苍白，并进行挣扎，一段时间后，呼吸、心跳停止而死亡。上面的实验证明：人的心理活动可以有效地影响机体的生理功能，有时，变化剧烈的程度可以引起形态的实质性改变。"

"'信息水''信息茶'这些东西都属于伪科学的范围吧？"小龙崎又问。

龙叔叔说："没错。伪科学之所以更容易蒙骗人，是因为它披着科学的外衣，打着科学的旗号，把各种反科学、伪科学的货色饰以华丽的外表，伪装起来欺骗善良的人们。它只不过是利用了一些人迷信的心理，再通过一番现代'包装'而粉墨登场罢了，其目的是骗人骗财，有的甚至危及病人的生命和健康。"

"这些人真是太可恨了！"小龙崎禁不住说。

不可不知的事

各种伪气功的骗局

与信息水如出一辙的还有什么“信息物感应”“信息扫描”“信息遥控”“信息处方”“信息字画”等多种气功“绝招”。所谓“信息物感应”就是气功师可从病人摸过的物品上留下的信息诊断疾病；“信息扫描”是气功师利用发送的“外气”信息扫描人体以诊断疾病；“信息遥控”则是气功师端坐家中，可向远在天边的患者发气治疗。还有所谓“信息处方”，说是只要“大师”在开了药品的处方上发气，然后患者将处方贴胸放好，不必买药即可消灾祛疾；“信息字画”是“大师”写的字画，人们买回家中，挂在墙上，即可保全家安康……如此等等，不一而足，神乎其神，俨然神仙再世。对这样的一些神话，居然也有人信以为真，说明人们对伪气功的辨别能力还很弱。

2 “水变油”的闹剧

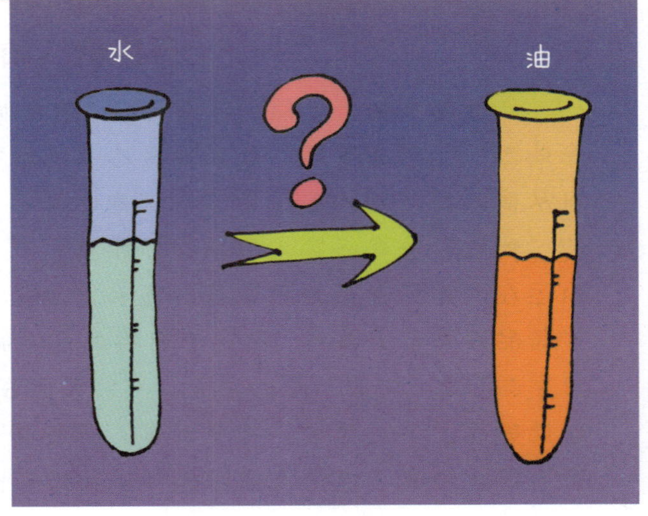

小龙崎很喜欢科学，龙博士觉得是一件好事，但是也有必要提醒他一下要区分真伪科学。于是，一天晚上吃过饭，他告诉小龙崎：“生活中有许多违背科学的事，由于一些人缺乏最基本的科学知识，再加上人为的以讹传讹，常常使一些违反基本科学规律的骗局得以行骗一时，结果使许多善良的人上当受骗，成为后人的笑柄。这样的事情在国内、国外都发生过。”

“是什么样的骗局呢？您快给我讲一讲吧！”小龙崎说。

1984 年，黑龙江省哈尔滨市一个名叫王洪成的汽车司机，他向世人宣布可使水变成汽油。据王洪成自己介绍，他经过上万次实验，于 1983 年 11 月 7 日取得成功，可使水变成汽油。据他本人介绍，只要把一种特制的母液，按 1:10 万的比例加到普通的水中，配制成“水基燃料”，即可用这种燃料替代汽油用于发动汽车，成本仅为汽油的

1/1000。这种母液不仅成本低，而且制作工艺简单，一台设备每22分钟就能生产1吨。

王洪成的“水基燃料”刚一推出，就有一些新闻单位以“眼见为实”大肆渲染，甚至称其为“中国第五大发明”“世纪之药”，“开创了人类历史的新纪元”。王洪成也先后到北京、河北、浙江、上海等地进行现场表演，使许多人对“水变油”深信不疑。

小龙崎有些不明白了，他问：“难道水真的能变成油吗？”

龙叔叔接着说：“其实，对于王洪成的‘水变油’的‘发明’，科技界普遍持否定态度，即水不可能通过化学反应变成油。水是由水分子构成的，只含有氢元素和氧元素，而油主要是烃类化合物，烃类分子中主要含有碳元素和氢元素。由初中的化学知识就可知道，在常温下水绝对不可能变成油。想要水变成油的话，必须通过高温核反应，把氧原子核变成碳原子核。而现在不可能在低成本情况下由核反应实现这种转变。在水中掺入一种物质后点火燃烧是可能的，但并不意味着它有代替燃料的实用价值。清华大学曾于1990年12月对王洪成‘发明’的‘水基燃料’进行过测定，发现是用重油掺入30%的水配制而成，燃烧时火焰温度降低200℃，热效率仅提高1.4%。

“虽然如此，一些单位还是继续与王洪成进行合作，给钱、给贷款，让王洪成进行所谓的‘开发’与‘实验’。据统计，与王洪成合作的单

位与厂家超过百家，结果全是‘滴油未见’，而被王洪成诈骗的金额竟达4亿元人民币。”

“后来怎么样了呢？”小龙崎又问。

龙叔叔说：“1995年，物理学家赵忠贤、何祚麻等41位全国政协委员联合提案，建议有关部门认真调查‘水变油’的投资情况及其所造成的严重后果，这才引起有关部门的重视。最后，这个总共只上了四年小学却被开除过两次、连分子式都不会写的汽车司机，用他完全违背基本科学常识的‘发明’，重复了半个多世纪前就曾在美国被揭穿的骗局而被以诈骗罪逮捕。”

“真是自作自受！”小龙崎听完龙叔叔的讲述说。

不可不知的事

美国的“水变油”

20世纪30年代，一个叫路易斯·埃里克特的美国人，当众把一种绿色液体倒入盛满水的汽车油箱里，自称这是他发明的汽油廉价代用品，然后发动引擎，拉着来采访的记者们走了一程。由于新闻记者的大肆宣扬，一时轰动全美国，连当时世界上头号汽车制造专家亨利·福特也信以为真，竟预付给埃里克特1万美金的支票，作为购买专利的预付款。另有一位大亨出价100万美元，表示要为埃里克特建造一个实验所，供他继续研究。可是埃里克特本人呢？他一面向当时的美国总统威尔逊表示，愿意将这种汽油代用品的秘方贡献出来；一面又躲避和搪塞，一直到死，也从未透露出所谓的汽油代用品的秘方。

3 “鬼神附体”之谜

龙崎的问题

暑假里，龙叔叔带小龙崎去乡下的奶奶家住了几天。回到乡下，他们听说隔壁的阿贵妈卧病在床已经三天了，三天来，时而哭哭啼啼，时而放声大笑；时而与已故多年的丈夫说话，时而与刚死不久的女儿道情；时而见着恶煞、狐仙，时而挤眉弄眼、手舞足蹈……真把周围的人全弄蒙了，不知如何是好。都说是“神鬼附体”了，便整日烧香拜佛、送鬼占卜，但病情毫无起色。最后送到医院，经暗示、支持的心理疗法，并对症治疗，病人一天即痊愈出院了。

听了这个事情，小龙崎问龙博士：“龙叔叔，世界上根本就没有鬼和神，那么，鬼和神又怎么会‘附到’人的身上呢？”

俗话说：“不是世有鬼，疑心生暗鬼。”鬼是从自己多虑、猜疑然后产生主观臆想开始的，这在精神科上称“人格转换”。他们感到自己变成了另一个人，或“神”或“鬼”，他们的精神世界、他们的一切行动都被别人或“神鬼”差使。实际上，这是一种“自我暗示”。在蒲松龄的《聊斋志异》中，关于“鬼神附体”现象的描述多得不胜枚举；曹雪芹的《红楼梦》中也有好多描述宝玉疯病、黛玉多愁、妙玉“走火入魔”、赵姨娘“神鬼附体”等的文字，其实都是癔症的表现。

癔症，又叫“歇斯底里症”，属于神经官能症的一种。临床上的表现多种多样，如“失明”而走路不跌，“耳聋”而能辨人声，“瘫痪”而能活动，“昏厥”而有意识，感情多变、富于模仿、易喜易悲，或哭哭啼啼，或放声大笑，或缄默不语，或乱说乱讲，多有幻觉、幻想、定向不全，很像“精神病”发作。该病易受暗示，往往检查不出什么毛病。

癔症，从本质上讲是一种心因性疾病，多在某些心理因素作用或精神刺激后发病，“宝玉疯”“黛玉愁”“妙玉痴”，除了当时的各种社会因素外，患“相思病”也是一个很大的原因。阿贵妈丧夫失女，思想悲痛、心境沮丧，加上她信神信鬼，忧虑过度则可引起大脑皮层功能紊乱，暗示性增强，易产生“自我想象”而出现幻觉、幻想和行为的异常。再加上周围的人不知所措，环境因素、语言刺激和暗示又可使她的病情加重，使她更感到真是“鬼神附体”了。

“这种病应该怎么治疗呢？”小龙崎又问。

龙叔叔说：“‘解铃还需系铃人’‘心病终须心药治’。对癔症的治疗，还得从病因入手，再结合语言进行暗示，病情很快就会好转。俗话说，‘一语破疑团’‘一针除癔症’，病得古怪，好得也很出奇，真像演戏一般。但这种病容易复发，如果再受刺激，或语言、环境不当，则可旧病复发。”

不可不知的事

鬼文化的形成

鬼文化是世界性民间文化的一个组成部分。远古时期，当人们仅仅能够靠双手采集果子和用石块追击野兽的时候，对自然界中发生的一些现象，如饥饿、灾荒、疾病、火山爆发、龙卷风等无法作出科学解释，总认为是有一种强大的、无形的东西在主宰这些现象的发生。既然这些主宰自然神秘变化的不是人，那么定然是神、是鬼，是这些鬼神在看不见、摸不着地使自然界的许多事物发生变化。死对人来说无疑最神秘不过，活生生的人的活动是能看得见、摸得着的，当人们死后，人的思维灵魂是不是进入了另一个我们活着的人看不见的世界？在现世世界生活情况恶劣的人，总希望到另一个世界能活得好一些，于是各种对鬼的描述想象就产生了，形成了形形色色的鬼文化。

4 灵魂真的能叫回来吗

晚上，龙叔叔和小龙崎正在看电视，忽然，电视上出现这么一个画面：深夜，在一个偏远山村的一所农舍旁，一个披头散发、40岁左右的女人面前烧着三柱香，面朝西，口中发出的凄厉喊声传向夜空："我的儿，你的魂魄回来吧……"这时，农舍内，微弱的光线下，一个十一二岁的孩子在床上双眼圆瞪，时不时手脚乱抓，发出几声哀嚎，旁边的亲人们一筹莫展。堂屋里，一个巫婆在手舞足蹈，口中念念有词……

小龙崎有点害怕，问："他们这是干什么呢？"

龙叔叔无奈地说："这是一幅典型的治病不信医药信鬼神、不信科学信迷信的'叫魂图'。"

"那人有没有灵魂和魂魄？"小龙崎又问。

在科学尚不发达的原始社会，当时人们还不知道自己的身体构造及器官功能，受梦中景象的影响，他们以为他们的思维和感觉不是他们身体的活动，而是一种寄附于身体之中、当人死亡时就脱离身体的东西，虽然看不见却能主宰一切，人们把这种东西称为"灵魂"。这就是灵魂观念产生的原因。

我国古代的文人虚构了种种关于灵魂在人生死之际活动的故事，勾勒出一幅幅灵魂存灭的奇异画面，出现了许多"以魂报恩""勾魂索命""魂不附体""灵魂出窍""魂兮归来""摄魂成婚"的故事，甚至流传至今。这说明我们的古人认为人是有灵魂和魂魄的。但其实，

古今中外，无论历代统治者、文人或平民百姓把魂灵说得多么“真实可信”，谁也没有真正见过魂魄的实际存在。古代原始人对灵魂的认知，几乎都与影子、呼吸、梦境、幻觉相关。

“既然没有灵魂，人们为什么还要叫魂呢？”小龙崎问。

龙叔叔接着说：“人们对于魂灵的信仰从原始时代流传至今，并仍在潜移默化地继续流行着，以至于当疾病降临身体、濒临死亡时，就会认为是魂魄要离开身体而去了，只要采取‘叫魂’‘招魂’的方法，把魂魄叫回来，生命就得救了。更有甚者，在一些地方，巫婆、神汉利用‘掉魂’‘招魂’‘叫魂’来从事封建迷信活动，不仅骗财，而且还严重危害人民群众的身心健康，有的甚至贻误病情，造成不应有的死亡，这就超出单纯相信灵魂存在的范畴了。”

“可是，电视上那位双眼圆瞪、手脚乱抓的小孩儿是怎么回事呢？”小龙崎问。

龙叔叔说：“从现代医学观来说，那个小孩是三天前在放学途中被一头疯牛追赶受到惊吓后出现的‘掉魂’症状。临床证实，当人们受到惊吓后，强烈的精神刺激会使身体各系统特别是神经精神系统受到极大干扰，而失去正常的平衡和调节。当机体处于紧张状态

时，肾上腺会释放出大量肾上腺素，使机体作好自卫的准备。如果惊吓后没有采取相应的行动，造成肾上腺素的堆积，那么最终会损害心肌细胞，使心脏功能不全，就会同时出现许多‘掉魂’症状，直到病人人事不省、处于谵妄状态。这时，如果不及时到医院诊治，却去‘叫魂’‘招魂’，请神汉、巫婆驱鬼，那么只会加重病情，甚至导致死亡。”

不可不知的事

无神论者根本不相信灵魂的存在

其实，从古代以来，许多无神论者一直坚决否认鬼神、灵魂的存在，指出迷信的虚妄。东汉著名唯物主义哲学家王充说：“人之所以生者，精气也，死而精气灭。能为精气者，血脉也，人死血脉竭。竭而精气灭，灭而形体朽，朽而成灰土。何用为鬼？”意思是说：人之所以出生，是因为承受了精气，人死了精气就不存在了。能够成为精气的是血脉，人死了血脉就枯竭，血脉枯竭而精气就不存在，精气不存在而形体就腐朽，形体腐朽而化成灰土，靠什么变成鬼呢？明末清初的王夫之，对历代鬼神观更作了一个总结性否定：“妖遂由人以兴。”现代的无神论者就更不相信灵魂的存在了。

5 生男生女不靠仙

这天，小龙崎跟龙博士来到了乡村游玩，他发现路边有一座庙，龙叔叔告诉他这是送子观音庙。小龙崎问：“龙叔叔，送子观音是干什么的？”

龙叔叔解释说：“不少新婚夫妇，从结婚那天开始，就希望今后家庭生活中能拥有一个健康、可爱的小宝宝。许多夫妇如愿以偿，高兴地做了爸爸和妈妈。可是，也有例外的情况，一些夫妇虽长期同居，却只‘光打雷，不下雨’，就是医学上说的‘不孕’。而有的想生儿子，却偏生个女儿；有的想生女儿，又偏生儿子。为了寻求精神寄托，这些人就会到送子观音庙里祈祷。”

“送子观音真的能决定生男生女吗？”小龙崎又问。

我先来给你普及一下生育知识吧。其实，男女结婚，妇女怀孕生育，对现代人来说，可说是科普常识。它是指男女生殖细胞精子与卵子结合而受精后，成为受精卵，再由输卵管转移植入子宫内膜，并在此生长发育，经过约280天的足月妊娠后，分娩出具有独立存活能力的胎儿的全过程。至于生下的胎儿是男还是女，是由人的染色体决定的，由于男女双方的染色体不同，男人有X精子和Y精子两种，女人的卵子都是X。受精时，如卵子和X精子相遇，合成XX，即为女孩儿；如与Y精子相遇，合成XY，就是男孩儿。因为X和Y精子各占50%，所以在和卵子结合时，是男或女的机会相等，并非人的意志所能控制。而“不孕症”则是由男女双方生殖器官、发育不健全、身体不健康和精神压力大等多种原因导致的，并非是什么神的旨意。

“但在现实生活中，许多人仍对只生男、不生女或只生女、不生男甚至婚后长期不孕产生极大的不理解，甚至被封建迷信迷惑，只好求助于神仙。这又是为什么呢？”小龙崎还是有点不明白。

龙叔叔说：“这些人相信孩子是男是女皆为命中注定，一切都是天赐神定，并想象有某种超自然的物质与力量在掌握人间的生育。只要向神灵祈求并祭祀，生男还是生女就能随心所欲。于是，许多地方出现了各种娘娘庙、送子观音和崇拜女性生殖器或男性生殖的图腾象征。云南剑川石宝山供奉的‘阿央白’女阴石，据说一年到头香火旺盛。”

“如此说来，人们求子的习俗活动都离不开巫术和封建迷信的驱使。”小龙崎插话说。

龙叔叔边走边说：“有的是巫术心理的日常运用，有的与祭仪相结合，有的受民族习俗甚至宗教的影响，有的请来巫师、巫医装神弄鬼，以满足人们求子欲望的心理需求。其实，生儿育女是人类延续后代的本能，何必求助于神？古代，当人们不能正确认识生育的生理过程时，便只好求助于神的帮助。那些所谓的掌管人类生育的各种崇拜物，其实都是人的双手做成的，现在人们却又自欺欺人地去向这些实物顶礼膜拜，求子求福，岂不带有讽刺意义吗？”

听完龙叔叔的话，小龙崎感慨地说：“现在已经是科学技术高度发达的21世纪了，许多人仍然相信封建迷信，去求‘早生贵子’，可见破除迷信，普及科学知识，关系到我们每一个人的现实生活。”

不可不知的事

古代人类对生育子女的认识

人类对生育子女的认识，经过了一个漫长的过程。原始时代，人们将生育子女归结到女性，由此产生了母性崇拜习俗。后来渐渐产生感孕之说，企图在女性本身之外寻找生育子女的原因，逐渐认识到男性在人类生育问题上的作用，并由这点出发类推到其他生物，认为凡有生命的东西都是因为有性的交合而才能繁衍，并以阴、阳之谐与不谐的道理来解释一切生命现象。这种阴、阳交合的观点，由于巫术、迷信的掺和，对生男生女起了“出神入化”的作用。如新婚男女上床后，为了预测将来生男生女，就从帐内向外丢一只鞋出来，鞋落地，呈覆为生男兆，呈仰则为生女兆。

6 禁忌古今谈

这天，放学后，小龙崎问叔叔龙博士：“龙叔叔，刚才我在街上看到了一种用福字做封面的日历，在每一天的日历上，都标明了‘宜嫁娶、出行、开市、安葬……忌动土、入殓、移徙、栽种……’那是什么意思？”

龙叔叔说：“这是黄历，是一种禁忌迷信。不过，许多人果真按照黄历上的‘规则’指导自己的言行，如公司开业、拍电影开机、某大厦奠基等都要选个黄道吉日。”

“这些禁忌到底是怎么来的？”小龙崎又问。

中国人讲究禁忌，可说是有源远流长的历史。两千年前的秦始皇，只因为名“政”，便下令全国，凡与“政”字同音的一切字都属禁忌。以致月令中的“正月”要改为“端月”，或将“正”字发音为“真”。一切臣民不能用皇帝、命官、父辈的名字中的字取名，哪怕是同音或谐音的不同字也不行。东汉有一个皇帝显宗名“庄”，于是其他人连姓庄都不可以。清代一个考官出的考题中有“维”“止”二字，便被认为是砍杀雍正皇帝之头而招致杀身之祸。

听到这里，小龙崎说："嗯，我知道民间的各种禁忌更是五花八门，有些老北京人把日常生活中的'禁忌'称为'妈妈经''妈妈论儿'。"

龙叔叔笑着说："是呀。如正月初一不可用钱、不可扫地，意思是要存一年之财，否则就是当年有破财之兆；农历二月初二为龙抬头日，闺中忌针，否则刺伤龙目，来年要发大水；坐在船上，不管是吃肉还是找东西，均忌说'翻'字，以避免翻船的恶果，甚至连翻的动作都不能出现。据说在北方有的农村，孕妇不能吃兔子肉，因为如果吃了兔子肉，以后生下的孩子便可能像兔子一样有三瓣嘴；产妇坐月子，忌父母、子女不全的人进产房；小孩不能用手指彩虹，不许站门槛；送殡要择吉日等。在国外许多地方，也有类似的禁忌。在欧洲喀尔巴阡山区的胡祖尔人那里，当猎人吃饭时，他的妻子不能纺纱，否则猎物也将会如纺锤一样转来转去，以致猎人难以击中它。在中国湘西，也有'正月不看鹰击鸟，二月不看人成双，三月不看蛇交尾……'的忌讳。类似的例子还可以举出很多。"

听到这里，小龙崎似乎明白了些什么，说："看来各种禁忌几乎存在于生活的各个方面，它就像无数条看不见的精神锁链，把人们的思想与行为紧紧制约，稍越雷池一步，哪怕是平安无事，心里也会感到不安。"

龙叔叔说："是呀，禁忌，作为一种历史沿袭下来的遗风，它的迷信色彩是很浓厚的。究其根源，属于巫术范畴中的'交感巫术'和'群众巫术'。英国著名人类学大师弗雷泽把交感巫术分为两种：一种是积极的，即巫术；一种是消极的，即禁忌。禁忌使人们不去做那类根据因果关系的错误理解而错误地相信会带来灾害的事情。如某人生日，人们为他煮长寿面时忌面断头，否则吃了断头面就有短寿之嫌。"

"禁忌是不是都没有道理呀？"小龙崎问。

龙叔叔说："许多人相信禁忌，也并非完全是出于盲从，如年节到来，忌讳家中吵架和打碎碗碟，为的是企盼来年家和万事兴和诸事如意，有着一定的积极意义。但是人们至今在生活中讲究的许多禁忌条规，是完全没有科学依据的，它实际陷入了一种隐形因果报应的迷信之途，而从许多方面干扰人们的正常生活。从一定意义上来说，这也是相信禁忌的人们的一种心理缺陷和心理不健康的表现。试举一例，黄历上说某月某日忌出行，而中国地方这么大，任何一天都有成千上万的人在外办事和在旅途上，谁听说有几个是遭了厄运的？那些遭意外事故伤亡的人，不也有许多是在‘宜出行’日出发的吗？这又作何解释呢？”

不可不知的事

黄历的来历

黄历是封建朝廷颁发的一种历书，就是我们现在使用的农历。因为是用黄纸印的，所以叫“黄历”。又因为是皇室、朝廷（如钦天监）颁发的，所以又称作“皇历”。这些历书除记载农时季节外，还有迷信的“黄道、黑道”和“宜忌”。黄道、黑道是说日子有吉有凶。吉日是黄道日，做任何事情都顺利；黑道是凶日，做什么事情都要倒霉。标有除、危、定、执、成、开者为黄道日，标有建、满、平、破、收、闭者为黑道日。所谓“宜忌”，指某日适宜做某事，某日忌做某事，如某日宜祭祀、某日忌出行、某日喜神在何方等。甚至连理发、洗澡、剪指甲都有宜忌。

7 凭属相择配偶不可取

这天，大表姐来小龙崎家玩。妈妈问她男朋友处得怎么样，她说因为属相不合，二人经常吵架，最后分手了。小龙崎偷偷溜到龙博士的房间，问他：“龙叔叔，大表姐说因为属相不合，与她的男朋友分手了，这有科学道理吗？”

龙叔叔说：“这个说来就话长了，我先给你讲讲什么是属相吧。”

我国古代用天干（即甲、乙、丙、丁、戊、己、庚、辛、壬、癸10个）和地支（即子、丑、寅、卯、辰、巳、午、未、申、酉、戌、亥12个）相配组合，比如，甲子、乙丑、丙寅……循环复始，用于表示年的次序，每轮回一次是60年。因此，每当人的岁数到了60岁时，就有“六十花甲”和“六十花甲子”之说。另外，又将地支配以12种动物（即子鼠、丑牛、寅虎……），作为人们所出生年的生肖与属相。比如2013年是癸巳年，则称之为“蛇年”，在这一年出生的人，他（她）的属相是蛇。到了2014年，则是甲午年，由于有“午”，

这一年就是“马”年，这一年出生的人属马。也就是说甲巳、乙巳、丙巳的年份，都是蛇年；甲午、乙午、丙午等的年份，都是马年，这刚好是12年一轮回。因此，如果有人说与你属相同，若是比你年长的，就可能比你大12岁的倍数；若比你小的，则可能比你小12岁的倍数，等等。要是年龄差不多，也可以依据属相知道自己比对方大或小多少岁。比如自己是属鼠，若与自己年龄相差不大的人属猪，那就是对方大自己1岁；若是属牛，则比自己小1岁。又如碰到第一个属相的本命年时，自己是12岁了，第二个本命年时，就是24岁了。

“哦，我明白了，属相原是便于历法和年龄计算的方法和特定的符号。”小龙崎说。

龙叔叔看了一眼小龙崎，接着说：“但是近些年来这些属相、生肖竟被有些人乱用一通，比如属猪的人就是好吃懒做，属鼠的人就是小眉小眼、偷偷摸摸，等等，更有甚者根据属相定出人的性格，属虎的性格男性是怎么样，女性又是怎么样，等等。这还不算，还延伸到推算什么属相的人是最佳配偶，什么样的还会属相相克。有的人婚后有了矛盾或不顺心的事，就把坏事往属相不配上面靠，甚至要闹离婚。生活中发生什么不愉快的事，哪怕是摔了一跤，都把事情归到属相不配或相克上来。有的人谈恋爱谈得好好的，哪知算命先生一算，说属相不合，结果吹了。如此等等，使人哭笑不得。”

“为什么这么说呢？”小龙崎问。

龙叔叔接着说："前面已说过属相的由来，与人的性格、生活、思维等没有丝毫联系，更不要说人与人、人与物、人与气候等的关系了。硬是要把这些无关的东西，往自己的身上和身边事物上套，进而扰乱了自己的生活，真是太不值得了。我们再来剖析一下那些宣扬属相互克的言论，据说若某人是属虎的，其最佳配偶是属马、狗或猪的。然而，大家都知道，在生活中马是很怕老虎的；狗是要斗老虎的，尤其是猎狗；猪则是老虎的佳肴，这样无论与哪一属相相配，都不好，可偏偏是最佳配偶，这不是笑话吗？相学还把动物本性套在人的身上，这合适吗？因此，根据属相来判断事物好坏是极不可取的，甚至要坏事的。"

不可不知的事

血型或者星座的理论靠谱吗？

阅读星座或血型方面的书籍时，我们或许会发现自己的性格的确符合自己的血型或者星座，这其实是一种心理暗示。将其作为一种消遣可以，但如果过度相信血型、星座，钻牛角尖，把这些奉为圭臬，甚至在恋爱、交友中严格按照某些书中的指导去做，就未免过度了。在现实中，你仔细观察会发现，这些理论其实是靠不住的。

8 剖析相面的奥秘

不久前，龙叔叔带着小龙崎到某市一座有名的寺庙参观，走到庙门附近，只见地上一字儿排开摆了许多地摊，除了卖各种香烛纸钱的之外，还有七八个写有“神机妙算”“麻衣相法”“测字扶乩”“打卦求签”的地摊，并附有许多画得极为拙劣的相面图、太极图和文字说明。

一个约摸40岁的男子突然站起身来，拉住龙叔叔说：“这位先生一脸福相，天庭饱满，地阁方圆，主大富大贵，人中宽又长，子孙站满堂，来，我给你看个相吧……”龙叔叔甩开了相面人的纠缠走开了。

路上，小龙崎问：“龙叔叔，相面这个东西有科学道理吗？”

相面，俗称“看相”，是我国古代传袭下来的一种迷信行为。据说最早给人看相的是周朝一个名叫叔服的官。较有影响的是司马迁的《史记·赵世家》的描述：“白起小头而锐上，断敢行也；童（瞳）子黑白分明，见事明也；视瞻不转，执志强也。”大家知道，

西方洋人的瞳孔谈不上黑白分明，难道都是憨包？视瞻不转，分明是白痴形象，如何能“执志强也”？东汉时班固编写的《汉书》中也有《相人法》。六朝时又出了《相经》。相传北宋人钱若水访陈抟老祖于华山，麻衣道者给他看过相，此后有人作相面书，便多托名于麻衣而使《麻衣相法》流传至今。

其实，所谓的相面术，最早和中医学有点联系。中医讲究望、闻、问、切的诊病方法。望诊即是医生通过自己的眼睛，对病人的神、色、形、态进行系统观察，而这种本来是医生诊断疾病的手法却被相面先生借用。故而相书中的很多名称都直接取之于中医术语，如天庭、人中、颧骨、颅骨、眉毫、寿斑等。这些术语到了相面先生嘴里，摇身一变成了可以预卜人生富贵贫贱、吉凶祸福、生老病死的征兆。

相面先生认为人的五官形象、相互位置、脸部肌肉特征、痣的位置等都有说法，主吉或主凶。相面先生把人的耳、目、口、鼻、眉按照所谓的“五官三庭，五山四水，八卦九宫”等说法，来判断这些部分与人生的关系，把人的脸分成12块“宫格”，比如眉间是“命宫”，鼻尖是“财帛宫”，眼角是“妻妾宫”，将这12宫格按子、丑、寅、卯……12个时辰倒数，就能断定人的运气好坏。又把人的脸按纹路划分为“日角”“月角”等120个小部位，规定什么年龄看什么部位来预测对方的吉凶或贫富。

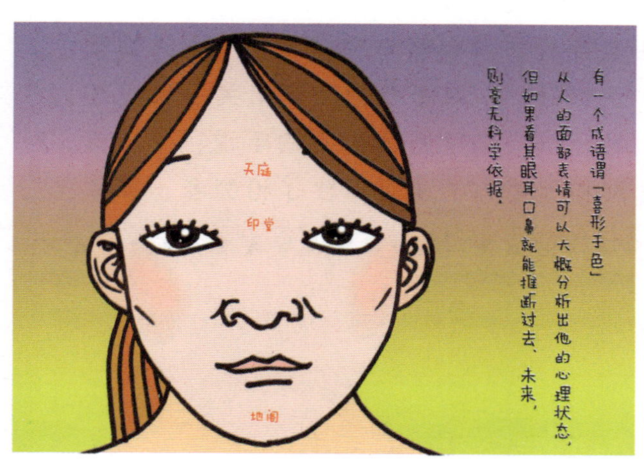

小龙崎说：“虽然俗话说：人不可貌相，但从古至今，相信相面术的却不乏其人。到底能不能相信相面？”

龙叔叔说：“其实只要稍作分析，相面术的伪诈就显现出来了。一个人的相貌长得美丑，决定于父母遗传基因等诸多因素；人的前途决定于人的勤奋努力、社会环境、教育方式等因素，与长相毫不相干。

同是一母所生兄弟，五官十分相像的多之，但前程却多不一样，有的勤奋好学而成才，有的不肯上进甚至走上邪路。有一个成语谓‘喜形于色’，从人的面部表情可以大概分析出他的心理状态，但如果看其眼耳口鼻就能推断过去、未来，则毫无科学依据。

“到了现代，由于医疗技术的发达，不少人为了使自己的容颜更美而去美容甚至整容，变单眼皮为双眼皮，变塌鼻梁为高鼻梁。如果相面先生所言句句为真，何不整容‘创造’一个福贵相？无须勤奋学习、工作、奋斗，走出美容院就一切大吉大利从天而降了。由此可见，相面术纯粹是一种迷信之术，要想使自己成为‘吉星高照’的人，关键在于奋发向上，点点滴滴从脚下开始！”

不可不知的事

讥讽相术者的故事

我国古代许多唯物论者就曾对相面术提出过非议，例如荀子在《非相》中说，相面是古代所没有、学者所不齿的方术，它与人的吉凶无关。作者以大量的实例证明了相面术的虚妄。有一个小笑话说，汉时有一个“神相”去访刘备，刘备要他观相，相者说：“你白面白心，相好。”刘备要他为二弟关云长观相，相者曰：“你赤面赤心，相亦好。”刘备一听，赶紧握住张飞的手说：“三弟，你是黑面，他一定说你是黑面黑心，你别相了吧！”从而保住了相面者一条命。

9 “风水宝地”一席谈

这天吃完饭，小龙崎忽然想起了一个书上看到的名词——风水，就问龙博士这是什么意思。

龙叔叔说：“风水风水，非风即水，说的是人生活的地方的自然环境的总体，包括山、林、土、水、风、石等以及由这些因素综合形成的各种类型、各种形态的自然环境。有的人很相信风水，也很讲究风水。在我们日常众多的活动中，对风水最讲究的莫过于盖房子和为死去的亲人找一块理想的风水宝地，希望死者能在地下安享太平，给活着的人也带来些好运气。”

三、

“真的有风水宝地吗？”小龙崎又问。

我国劳动人民在漫长的历史进程中，与各种复杂的自然环境、自然因素打交道，逐渐认识和总结出一套既符合自然规律、又能很好地为人所利用的科学，这就是平常人们所说的风水。实际上，风水这门学问是一个包括天文、地理、地质、土壤、气候、气象、动植物等方面知识的综合科学。有许多自然现象，在科学不发达的时代，人们对它们没有

足够的科学认识，将它们看作是神的力量。一些人企图靠一些骗人的伎俩欺骗那些无知的人们，这些人半懂不懂地学了点地理、地质常识，外加些骗人的鬼话，在许多地方骗人钱财，于是本来是科学的东西，被掺进了不少封建迷信的内容。

先来说说盖房子，盖房子是农村中的一件大事，选择地基当然就很重要，由于缺乏这方面的知识或者受到当地地形和其他条件的限制，往往会发生一些不该发生的事。有的人把房子建在回填土上，地基是用垃圾回填的，夯不实，房子盖起来不久就开裂；有的房子地基一半是生基土（即较结实的原生土），一半是回填土，这样的房子盖起来后，过不几年就会开裂。如果房子梁柱是木头的，受拉力不均作用影响，房子盖好后会听到“咯咯”的响声，让人害怕，以为是妖精鬼怪作祟。

有人把房子盖在两山交会的风口处，风又是定向风，房子长期受山中定向风的影响，不久就会歪斜，这样的房子住着很危险。还有盖在四周高、中间低的地方的房子，雨水从四周汇集，导致房基地面潮湿，墙脚的土发潮、发泡。久居这样的房子中，年深日久，人就会生病。其他如两面或三面临公路的房子，如地基不深不牢，受车辆震动也会引起房子开裂。

“哦，我明白了。盖房子注意‘风水’，那选坟地为什么也要注意‘风水’？”小龙崎问。

龙叔叔说：“在殡葬没有普遍实行火化的时代，我国大部分地区是土葬，所谓‘入土为安’。土葬第一件大事就是选地，选地的确有些讲究，要坐向好，前面开阔，后面有靠山，地要五色土，土中无石头、无朽木、无怪味，坟地后无冲口、无水沟，雨天易滤水，四周有刺的植物要铲去……听起来好像是迷信，但从地质学、土壤学的观点来看，是有其道理的。

"坟地背面较高不易受风吹；没有冲口、水沟不易被水淹；前面较开阔不易受遮挡，便于阳光照射，保持土壤干燥；土中无石头，则下面不易产生空洞；五色土中含沙，透水性强，棺木不受水淹，自然能够久存不腐。四周没有有刺的植物，不会有鼠类寄居打洞。这样的环境，坟定会不陷不塌，能长久保存。"

"如此看来，'风水学'还有一定道理？"小龙崎说。

龙叔叔说："是的，古代劳动人民在长期实践中总结的这些经验，是有其科学道理的。但坟地风水好，后代子孙就会当官发财就没有什么依据了。在衣不遮体、食不果腹的时代，坟地选得再好也不见得会有什么好日子过。算命先生利用掌握的一点丧葬知识，加上一些胡编乱造的鬼话，从而达到愚弄别人、骗取钱财的目的。有没有听说过哪位科学家、哪位靠勤劳致富的人，他的祖辈是风水先生？既然没有，风水先生又为何不给自己看一块最好的风水宝地呢？"

不可不知的事

拆字先生的把戏

什么叫拆（测）字？简单地说，它实际是一种文字游戏，将汉字的点划拆开或合并作出种种人为的解释。生活中，常常可以看到街道一角有人摆着一个小摊子，上面放了一堆小纸卷和笔墨，每张小纸卷上写着一个字，只要有人前去问个究竟，拆字先生就能随心所欲地对所问之字任意拼、拆、加、减，迎合求问者的心理需求，解释其含义。其实，拆（测）字也是一种占卜形式，它最大的特点是应用汉字，按照它偏旁部首的组合规律，进行拆、合、增、减，附会人事，言人吉凶祸福，既不需烧香祈祷，也不用装神弄鬼，看似合理而又简单易行，使人容易上当受骗。

10 天上宫阙何处有?

小龙崎对《西游记》中的孙悟空大闹天宫的故事烂熟于心，孙悟空把王母娘娘的蟠桃大会搅得天翻地覆，天兵天将、各路神仙都不是孙悟空的对手，最后请出西天佛祖才降服孙猴子。

这天，电视里又在播放这个故事，小龙崎看完问："龙叔叔，许多人虽然从来没有亲眼见过'神仙显灵'，但是他们深信，如来在西方，观音在南海，玉帝在天宫。只是，西天、南海、天宫都很遥远，是世上凡人到不了的圣地。这是真的吗？"

龙叔叔笑着说："今天，科学技术发达，交通方便，到过南海、到过西方（今印度）的人很多，并没有人见过如来和观音啊。"

"那他们是不是在天上呢？"小龙崎还不死心。

关于这个问题，我先来给你讲一讲什么是天。我们白天所见的蓝天，只是我们人类生存的地球所穿的一件外衣——空气层被太阳照亮的地方。地球的空气层越高越稀薄，到达1000千米的高度，空气稀薄得与真空相差无几，蓝天最多也就到此为止。而蓝天外的天还要高得多、远得多、大得多，也可以说天外有天。

地球外的第一层天是太阳系的范围，包括地球在内的八大行星和它们的卫星、小行星、彗星，这层天的大小用地球到太阳的距离（大致是 1.5 亿千米）来度量大致是这个距离的几万倍（几万个天文单位）。

太阳系外是几千亿个像太阳一样的恒星，也就是夜晚天空中的繁星，包括我们的太阳在内，又加上银河中密密麻麻的星系组成了银河系。这又是一层更大更远的天。从宇宙空间来看，银河系像一个体育比赛用的铁饼，大致是圆的，中心部位略厚，边缘较薄。

“银河系有多大？”小龙崎问。

龙叔叔说：“大得难以形容。我们知道光是世界上速度最快的，每秒走 30 万千米。光线从太阳出发到达地球大约要 8.5 分钟，天文学上把光走一年的距离叫光年，把它作为度量宇宙距离的尺子。从太阳到最近邻的一颗恒星，光要走 4.3 年。银河系的大小是几万光年。银河系作为一重天的话，这是夜晚人们肉眼可以看得到的天。在银河系外，还有亿万个类似的银河系，天文学上称为‘河外星系’。这个天的范围更是大得难以想象。这个天中的星系都得用天文望远镜才能看到。目前用最大的天文望远镜可以看到的天的范围大概是 150 亿光年。在这一重又一重的天中，确实有广大的空间。不管有多少神仙，即使比全地球几十亿人口还多的神仙菩萨、玉帝王母、天兵天将都完全容纳得了。可是用望远镜观察了宇宙几百年，却从来也没有见到过哪位神仙或天兵天将露过脸。”

“那怎么会虚构出一个玉皇大帝呢？”小龙崎问。

龙叔叔说：“现代科技越来越发达，科学的推理和想象能力也发达起来。从科学的角度看，银河系中几千亿颗星，一定也有成千上万颗像太阳一样的恒星，而且最近几年确实已经发现有几颗恒星伴有行星。这些行星也非常可能存在有智慧的生命，这便是外星人。这种想象不是毫无道理的，而且也非常诱人。在西方，外星人的题材已被写成许多科幻小说和电影，制造出一大堆现代神话，其中最典型的是《天煞》，讲的便是外星人入侵地球的惊心动魄的故事。不过这终究只是科幻故事，目前还没有可验证的证据表明外星人已来访过地球。

“与外星人一样，玉皇大帝也是人们想象中的主人公。不同的是，他被冠以了神名，成为封建统治者的一件护身符。宋朝皇帝信奉道教，宋真宗册封‘玉皇’为‘大帝’，掌管天地万物，是至高无上的众神之帝王。到了宋徽宗时，更是下令在全国各地修建道观，大塑玉皇大帝，要百姓供奉。可是，玉皇大帝却并不因此保佑大宋天下，金兵入关，宋徽宗还是被抓到了金国最后死在了那里。

不可不知的事

地下有“阴曹地府”吗？

现代科学研究表明，真正深藏于我们地底之下的物质足有6000千米之深。平均厚度约为33千米的地壳由沉积岩层、花岗岩层和玄武岩层构成。再往下，叫作“中间层”的约有2900千米厚，这一层中的温度很高，各种岩石几乎都被熔化，在100千米以下的地方，温度即有1800℃～2000℃，就不用说2000多千米以下的地层深处的温度了。再往深处，有一个半径约3400千米的核心，叫作“地核”，它坚硬如钢，那里的物质大部分是铁，小部分是镍，所以又称“铁镍核心”。从以上可以了解到，如果地下真有“阴曹地府”的话，什么妖魔鬼怪也被统统熔化成岩浆化为乌有了。

11 巫术、巫医的来龙去脉

在一些电视剧里，常常可以听到甚至看到巫师、神婆用巫术给人“治病”“消灾”的场景：巫师身披一块麻毯，在地上摆几碗酒，然后在病人屋内点燃青松枝，顿时，室内烟雾缭绕，随着用一枝点燃的松枝在患者身前身后绕上几圈，继而摇铃、击鼓、微闭双眼，口中念念有词，手舞足蹈。表演完毕后，漱口、洗手、双手托起，煞有介事地从空中接下“神药”，滴洒在病人身上，再拿起一张纸钱在碗中烧为灰烬，兑上冷水，要病人喝下……就意味着病人的病灾已药到病除。

看完电视，小龙崎问叔叔龙博士：“龙叔叔，巫术、巫师、巫医从何而来？

巫术是一种附有信仰的仪式，即相信人能通过超自然的途径对他人、动物、自然现象以及想象中的鬼神产生影响。学者们认为巫术产生的时间约在数万年前的石器时代，由于原始人在极其困难的生存条件下，对大自然的许多自然现象，如风雨雷电、地震、日月食等一无所知，对由此而带来的各种灾害无力抵御，只寄希望于超自然的力量。原始人深信，通过举行巫术仪式，他们便与超自然力进行了接触，超自然力就能保佑他们摆脱自然力的肆虐，免遭邪恶势力与不祥物的侵害，能帮助他们达到各种各样的现实目的。这样，便出现了多种多样的巫术舞蹈和巫术仪式。其中，最多的是驱邪除灾（护身）巫术，如进行净身仪式、烟熏居室、斋戒等。至于那些咒文、符咒、诅咒等，不过是整个仪式中起伴

随作用的一些文词而已。

当巫术有了一定基础，并在部落中有了对巫术的普遍需要之后，就有了巫师的产生。巫师扮演的是替人们求得神的庇护、保护人们不受恶神的压制和侵扰的形象。巫师为了“证明”自己“法力无边”，则用各种故弄玄虚的口语与行为施展巫术以达到目的。

“那么巫医是怎么产生的呢？”小龙崎又问。

龙叔叔想了一下说：“巫医的出现则是由于巫的职司有了分化，先是巫与医两兼，然后大巫管政事为主，小巫中有部分专职为医而成为专门的巫医。《黄帝内经》中提到的名医伯高，原来也是巫医。可以这样说，巫医是古代巫术的遗产。在巫医那里，巫术的原则并没有改变，而只是由于时间和地点的差异而获得种种不同的色彩。巫医最大的特点是常常只讲形式，不问结果，他们要弄一切巫术行为，竭力要病人相信，由于自己的巫术神力，他的病已‘巫到病除’。遇到复杂的病症，巫医就说，神力未到，日后总会见效的，哪怕是一年、两年或更长时间。”

“现代的巫医与古代巫医有什么区别吗？”小龙崎又问。

“现代的巫医其实与古代巫医没有什么区别，他们的‘理论’和‘方法’和原始时代没有两样。现代巫医断言，手掌纹和脚掌纹是我们所患各种疾病和吉凶祸福的镜子。有的巫医常常打着‘民间医家’‘祖传神医’的招牌招摇过市以骗取钱财。现代巫医之所以能长期存在，其根本原因并不在于他们的‘超自然’本领，而多在于病人本身的认识局限。在一些缺医少药的地区，至今仍有不少人被巫医的花言巧语蒙蔽，生病后不寻医问药而落入巫医医术的陷阱，最后落得人财两空，这样的事时有所闻。”

不可不知的事

放“蛊”是怎么回事？

据考证，所谓蛊者，乃腹内寄生虫也。中蛊者，可能是感染了寄生虫类疾病或慢性传染性疾病，包括血吸虫病、肝硬化、结核病等。由于古代医疗技术的落后，民间蛊术历代相延，特别是某些传染病的发生与流行，令人更加相信蛊术的厉害，历代君王屡禁而不能绝。民间传说，有的人能放蛊、收蛊。他把蛊放出去，使人生病，致死；给了他钱，又能把蛊收回来，使人转危为安。其实只要稍微懂得一些防病、治病的原理和知识，就能识别放蛊是怎么回事了。

12 揭开金字塔的神秘面纱

近年来，各种报刊频频报道“科学家”在金字塔里的新发现，给金字塔笼罩上重重迷雾。其中，最令人惊异的莫过于那一组组神奇的数字了。

这天，小龙崎给龙博士念了一段话：“金字塔底面周长为365.24米，等于一年的天数365.24；塔底面积除以2倍的高等于π值3.14159；塔高乘以1015等于地球重量；地极轴的位置在宇宙中天天变化，每隔25827年又回到原位，而塔基对角线之和恰好等于25827；塔坡面长度是同一纬度的1/600；周长的2倍等于赤道上的一分度；塔高乘以109近似于地球到太阳的距离。”

然后，他问：“龙叔叔，这些数字是否存在如此的神奇联系呢？”

《中国大百科全书》载，胡夫金字塔高146.6米，底面每边长230.38米，依此计算塔底周长为230.38×4=921，这是年的天数吗？230.382÷(146.6×2)=181，这是π值吗？有人会说，毕竟还有3组是对的。

其实，即使这些数据都符合也不值得大惊小怪。宇宙无垠，数值无限，再加上运算符号更是变幻无穷，在这无穷无尽的数值中必然能找到你所需要的数字。

比如厦门大桥，其主桥长2070米，宽23.5米，有46孔，人行道宽1.5米，引桥宽21米，单向车道宽7米。倘若金字塔那几个数字就令某些人觉得神奇，厦门大桥与八大行星的关

系就该使这些人目瞪口呆：

人行道宽 ×1011=1.5亿千米，等于地日平均距离1.5亿千米；桥孔数 × 主桥宽 ×109=1081×108 米，约等于金星到太阳的平均距离 1082×108 米；人行道宽 ÷ 主桥宽 =0.064，近似等于木星扁率 0.066；主桥长 ÷ 主桥宽 =88，等于水星公转周期 88 天……

类似的数字还可以找出很多。如果认为金字塔那几个数字可以作为外星人建造金字塔的证据，那么，厦门大桥又是谁建造的呢？

“哦，原来金字塔的数字并不神奇，”小龙崎恍然大悟，接着又问，“不过近几年来，有些人说金字塔是‘完美无缺的天文台’，是这样吗？”

龙叔叔说：“作为天文台有两个最基本的条件：一是能架设观测仪器或标志，二是视野开阔。金字塔尖不能架设观测仪器，也没发现可供观测天文的标志。塔的坡面也不能架设仪器，即使硬要在坡面上架设仪器，也由于坡面对仪器的遮挡，有部分天空观测不到。因此，金字塔不能做天文观测台。”

不可不知的事

金字塔能不能做日晷

有的“科学家”说，金字塔“异常光洁的南壁会把一个三角形的影子投射到南面地坪上”，根据影子的位置可以测知日期、时辰，可以正确预测春分秋分、冬至夏至。也就是说，金字塔是个日晷。

其实，夏至这天，太阳直射北纬23°27′。金字塔位于北纬30°，在夏至这天中午，阳光与地面交角约83.5°。如果你学过三角、光学就会计算出，金字塔尖的反光在地面的投影距离金字塔达1000米远。离夏至时间愈长，反射光与地面交角愈小，与金字塔距离愈远。所谓南壁“异常光洁”，只能是“科学家”一种异想天开的想象。即使光洁得像镜子，它的反射光也不可能在1000多米外阳光照耀的地坪上显出清晰的影子。而在春分、秋分时，因为入射角小，反射光射向空中，根本不可能照到地坪上，用来观测春分点、秋分点是绝对不可能的。

13 恐龙孵出来了吗

这天，小龙崎拿着一本杂志给龙博士看。原来上面有这么一段话：一群科学家在美国蒙大拿州和犹他州发现了 7500 万年和 1.5 亿年前的恐龙蛋，经检测，在这批蛋化石里还发现了恐龙的胚胎，这些胚胎身长从 2.5 米到 9.3 米不等，后腿粗大而有力，便于奔跑。

小龙崎边看边问：“胚胎这样大，蛋的尺寸也就可想而知了。粗略估计一下，恐龙蛋的平均直径少说也有 0.7~3 米，这大约相当于一台 20 英寸彩电到一部北京吉普车的大小。这可能吗？”

据研究，恐龙蛋都不大，平均直径一般在 10 厘米左右，最大的蛋直径可达 20 余厘米，像篮球那么大，但十分罕见。至今尚未发现比这更大的蛋化石，足以说明恐龙下的蛋确实不大。恐龙蛋虽不大，但这并不会影响它们将来发育成为“巨人”。因为恐龙是爬行动物，爬行动物一辈子都在长个儿。

大恐龙下小蛋而不下很大的蛋，其中自有它的生理原因。因为恐龙蛋越大越不好保存。一个像彩电般大小的蛋，是很容易破碎的，因为薄薄的蛋壳根本承受不了蛋黄与蛋白的巨大重压。虽说这个问题可以通过增大蛋壳的厚度来解决，但蛋壳厚了又会产生新的问题，将来恐龙宝宝不易破壳而出。

恐龙（也包括其他爬行动物）经过长期的进化与适应，“选择”了最佳的生蛋“方案”：蛋要小，量要多。恐龙一次要下二三十个蛋，这些蛋体积小，数量多，容易保存，成活率自然就高。如果一只大恐龙一次只生一个彩电似的大蛋，以恐龙的智力，根本无法保证这只大蛋能安全地孵出小恐龙来。至于像汽车大小的蛋，那更是不可能有的事。

听完龙叔叔的解释，小龙崎又问：“我听说，科学家在寒冷的西伯利亚地区，发现了一只恐龙蛋。科学家用缓进法进行孵化，蛋中已出现小恐龙的心跳声并透视到似恐龙的小生命。这可能吗？”

龙叔叔说：“生物细胞中有大量水分，当温度低于4℃时，细胞中的水开始‘冷胀热缩’，到0℃时结冰，细胞胀裂破坏，导致生物体冻伤或冻死。如果温度急剧下降，水还来不及膨胀就结成冰，细胞免受破坏，又因低温而不致腐败，这就是‘速冻’。有人据此希望对‘速冻’的生物进行缓慢升温以使生物复活。

“据说，发现恐龙的地点‘在世界最寒冷的地方，因此在当地雪坑中发现的蛋很可能孵出恐龙’。但是，我们要明白，当年恐龙在那里生活时，那里不是‘世界最寒冷的地方’，而是温暖

湿润、植物繁茂……恐龙把蛋生在向阳温暖的地方，恐龙蛋是靠适宜的环境温度自然孵化的。如果到时孵不出小恐龙，这蛋在与空气和水有接触的情况下，就会腐败，以后遇到寒冷气候也不能使蛋复原。即使恐龙生蛋后立刻天降大雪，也不能满足‘速冻’的条件，蛋也会被冻坏。因此，在雪里找到的蛋不可能孵出小恐龙。”

听到这里，小龙崎也说：“恐龙蛋经6500万年而保存下来，大多是因为它们与空气和水隔绝，然后石化成为蛋化石。蛋化石已终止了生命活动，所以更不可能孵化出小恐龙来。”

龙叔叔赞许地点了点头。

不可不知的事

恐龙的世界

距今7000万年到2亿多年的中生代，是个“爬行动物的时代”，它们形态多样，各成系统，霸占一方，形成了当时地球上“龙”的世界。向海洋发展的鱼龙和蛇颈龙，成了海洋中显赫一时的大动物。巍峨的喜马拉雅山是世界的屋脊，科学家在那里发现的鱼龙化石，体长10米以上。向天空发展的飞龙、翼手龙，成了当年空中的霸主。最大的飞龙两翼展开时长6米多，头颅尖长，长着尖利的牙齿，后面拖着一条长尾巴，尖端还有一个“舵”膜，用来平衡身体。向陆地发展的有各种各样的恐龙，有吃植物的，也有吃其他恐龙的。最大的重80吨，最小的像鸡那样大。它们有的像鸵鸟，有的像犀牛、乌龟和袋鼠。最凶残的霸王龙长17米，站立起来就有6米高。它那血盆似的大口里，长着匕首般的牙齿。它专门捕食那些吃嫩枝绿叶的恐龙。

14 彗星会造成地球毁灭吗

夏季的晚上，小龙崎和龙博士在院子里乘凉，忽然小龙崎看到美丽晶莹的星空中，闯进一位怪客。它披头散发，身后拖着一条长长的尾巴，形状十分古怪。于是，他问：“龙叔叔，那是什么？”

龙叔叔说：“那就是彗星，民间称为‘扫帚星’。其中有一颗叫斯韦福特－图特尔的新彗星，环绕太阳做循环运动时的轨道和每年8月地球穿过宇宙尘埃团运行的轨道是同一条。经计算，这颗彗星将于2126年重返太阳系，那时它将离地球很近，甚至有可能与地球撞个‘满怀’。于是，有人就以此渲染，说这颗彗星将造成地球毁灭。”

“彗星和地球相撞？太不可思议了！那彗星是什么东西？”小龙崎问。

彗星实质上是一种由尘埃、微粒冻结在一起的冰雪物质。彗星的结构和形态是随着它离太阳的远近而变幻的。当它远离太阳时，呈雾状斑点；当它接近太阳、肉眼可见时，通常可分为三部分：彗核、彗发和彗尾。彗核和彗发合称“彗头”。有些小彗星，即

使飞到太阳跟前，也没有尾巴，仅有毛茸茸的外壳。彗核密集而明亮，周围朦朦胧胧的部分是彗发。彗尾是背着太阳方向延伸出去的扫帚形，被誉为彗星的“装饰品”。彗核是固体，由夹杂着尘埃微粒的冰物质组成，成分主要是水、甲烷和氨等。在接近太阳时，它上面的冰挥发形成庞大的彗星尾巴。

“如果斯韦福特－图特尔彗星和地球相撞，造成地球毁灭的可能性大不大呢？”小龙崎又焦急地问。

龙叔叔说：“从概率上说是很小的，因为它穿过地球轨道所需的时间只有 4 分钟。估计它穿过地球轨道的时间为 2126 年 8 月 14 日。不过，彗星神出鬼没，它的运行规律很难掌握，现在推算的这一日期难免不够准确。

“如果斯韦福特－图特尔彗星果真和地球相撞，其后果当然不堪设想。这颗彗星宽 10 千米，运行速度每秒 50 千米，相撞时有可能把直接接触到的城市、乡村夷为平地，而且它所带来的尘土烟灰、飞沙走石会遮住太阳，改变地球的气候环境，这种情形与遭受原子弹的攻击相差无几。6500 万年前，我们的地球就曾发生过如此可怕的事件，一颗直径为 10 千米的小行星撞击地球，使得恐龙绝迹，全球 2/3 的生命遭难。但地球经历了浩劫之后，又出现了新的生机。更何况，我们人类还可以借助于科技手段，防患于未然。为了防止彗星碰撞地球这种大灾难的发生，科学家们已提出了多种办法。”

"都有什么办法？"小龙崎迫不及待地问。

龙叔叔说："一种办法是由武器专家提出来的，他们认为，击落一颗飞过天际的彗星和击落一颗洲际导弹没有什么不同；第二种办法是用火箭将一种'太阳反射器'发射到彗星上，这种装置可以吸引从太阳那里发射过来的带电粒子，从而改变彗星的运动方向；第三种办法是将反物质施放到彗星上去，让彗星和反物质发生湮灭，从而摧毁彗星。"

听到这里，小龙崎放心了，他说："如果我们现在就采取防范措施，即使2126年出现了相撞事件，其后果也不至于造成地球毁灭。"

龙叔叔点了点头。

不可不知的事

探寻彗星的老巢

荷兰天文学家奥尔特对彗星的研究下了很大工夫，花了10个年头计算彗星轨道的变化，寻找彗星源头。他发现有不少运动周期很长的彗星，其轨道的远日点可以延伸到10万天文单位的地方。由此，他提出在太阳系边界的外侧离太阳约15万天文单位的地方存在一个硕大无朋的彗星"仓库"，又叫"彗星云"。因为是奥尔特提出来的，所以有人干脆叫它"奥尔特云"。

奥尔特认为，彗星云是个近乎均匀的球层，那里至少储存着1000亿颗原始彗星，总质量与地球相当或略小。由于从太阳邻近区域路过的恒星对原始彗星有干扰作用，质量不大的彗星比较容易改变原来的运动轨道，它们就不再停留在奥尔特云里，而是扭过头来，有的往太阳系之外跑，有的则朝太阳系内奔来。

四、糟糕透顶的
科技发明

1 电池带来的严重污染

龙叔叔给小龙崎买了一个收音机，每天早晨跑步的时候小龙崎都装着它听新闻，了解国家大事。这天，小龙崎发现收音机不响了，就让龙叔叔给他修一下。龙叔叔看了一下，原来电池的电量用完了，换上新电池马上就好了。小龙崎高兴地说："有了电池还真方便！"

龙叔叔把收音机交给小龙崎，说："是呀，在人们的日常生活、科研和生产中，经常要和各种各样的电池打交道。半导体收音机和手电筒，需要使用干电池；汽车、船舶需要使用蓄电池。在人造卫星、宇宙飞船上，在海岸灯塔和海洋河流的航标灯中……到处都有电池的应用，它们在那里静静地提供着电力，推动各种仪器、设备正常地工作。"

"那电池是怎么来的呢？"小龙崎问。

电池家族是一个大家族。这个家族的历史可以追溯到 19 世纪初期。1800 年，意大利物理学家伏特发明了第一个电池——伏特原电池，这是最简单也是最古老的电池，被称为"电池家族的老祖宗"。后来，科学家们又相继发明了锌－二氧化锰干电池、铅酸蓄电池、银锌蓄电池、镉镍蓄电池、原子能电池等。为了适合不同场合的不同用途，又把这些电池做成不同的大小和形状。常用的干电池有 1 号电池到 7 号电池 7 种型号；铅酸蓄电池小的有香烟盒那么小，大的有一个火车车皮那么大。一般干电池都是圆柱形的，而叠层电池则是一片一片叠加起来，成为长方体。这些电池性能

各不相同，一节干电池电压只有 1.5 伏，而叠层电池有几十伏；一节 5 号干电池只能连续放电几十小时，而原子能电池可以使用几十年。

听了龙叔叔的讲解，小龙崎拿起换下的废电池，随手扔在了垃圾箱里，龙叔叔马上捡了出来。

小龙崎问："龙叔叔，废旧电池还要它干吗？"

龙叔叔说："废旧电池可不能乱扔，因为电池中含有大量的重金属、酸、碱等物质。在通常的使用过程中，这些物质被封装在壳体内，不会对环境和人体造成危害。但当电池被废弃后，长期的机械或腐蚀等作用，使内部的重金属、酸、碱等泄露出来，就会带来严重的环境污染。"

"电池怎么会污染环境呢？"小龙崎问。

龙叔叔停了一下说："现今生活垃圾处置最常用的方法就是填埋，就我国目前填埋场的情况而言，填埋处置水准较低，许多垃圾处于简单堆放状态，废电池中的重金属会通过渗滤作用直接污染水体或土壤，造成环境污染。另外，废电池混入垃圾焚烧过程时，一方面可能黏着设备，造成堵塞与腐蚀；另一方面，某些重金属在焚烧炉中聚集，随焚烧炉飞灰进入大气或土壤，造成土壤或大气污染，焚烧底灰中也可能有大量重金属富集，给灰渣处理带来困难。

"另外，长期以来，我国在生产干电池时，要加入一种有毒的物质——汞或汞的化合物。我国的碱性干电池中汞含量达 1% ~ 5%，中性干电池为 0.025%，全国每年用于生产干电池的汞就达几十吨之多。汞是电池中对环境危害最大的一种元素，汞和汞的化合物都是有毒的，科学家发现，汞具有明显的神经毒性，此外对内分泌系统、免疫系统等也有不良影响。”

不可不知的事

废电池污染可致人死亡

1939年11月9日，日本神奈川脑科医院收治了一名神志不清的男子。起初，这名男子只是原因不明地面部浮肿，三天后浮肿蔓延到脚部，第八天开始视力减退、自言自语，后来终于在极度痛苦中因心力衰竭死亡。此后，死者生前所居住的村里又接二连三地出现了15名同样症状的病人。这个情况引起日本有关部门的注意，经过调查发现，这些死者生前都饮用了某商店周围3口水井的水。其中饮用1号水井的8个人全部发病。而距1号井5米内的地方挖出380节已腐烂的废电池。原来这380节废电池是该商店在卖出新电池后，把顾客丢下的废电池集中埋在了后院，致使周围井水污染，从而导致了这场悲剧。

2 “电子海洛因”的罪证

一天，龙叔叔下班回到家看到小龙崎在跟同学玩电子游戏，神情非常投入。同学走后，小龙崎意犹未尽地说：“龙叔叔，电子游戏真是好玩！”

龙叔叔说：“电子游戏虽然好玩，但你可不能长时间玩啊，小心会伤害到你的。”

“放心吧，龙叔叔，我只是偶尔玩一下。不过，这种游戏是怎么发明的呢？”小龙崎问。

世界上的第一个电子游戏是在40年前发明的，它是由加利福尼亚的一名年轻的电脑专家诺兰·布什内尔设计的，名为“计算机空间”。布什内尔先是用电脑创作了两个宇宙飞船的电视图像，然后又设计出游戏程序，让玩游戏的人按动控制盒的电钮，指挥宇宙飞船的行动并发射炮弹。

布什内尔对自己设计的游戏非常感兴趣，接下来他花费了很长时间研制出一个名叫

PONG 的接乒乓球的游戏机，并将其放置在一家酒吧里，想看看人们对他的发明的反应，于是就出现了下面的情节：

1972 年的一个清晨，25 岁的布什内尔被酒吧老板的电话铃声惊醒，酒吧老板告诉他，他前两天放在酒吧里的投币游戏机出现了故障。为了尽快解决问题，布什内尔匆匆穿上衣服赶到那家酒吧。他从口袋中取出一枚硬币想试试看，但无论怎样也塞不进去。当他将游戏机拆开来看时，事实让他大吃一惊，原来是人们投入机器的硬币过多，已经将机器塞得满满的了。这个名叫 PONG 的游戏机竟然如此受人欢迎，大大出乎所有人包括它的设计者的意料。

在电子游戏的历史上，布什内尔这一瞬间惊喜的表情被永久定格，它意味着一个崭新的电子娱乐时代来临了。

“您刚才说电子游戏有害，这又是怎么回事呢？”小龙崎又问。

龙叔叔说：“从很多电子游戏商对自己产品的宣传中，人们能够看见电子游戏对人的有益之处。比如可以训练灵活的操作能力，培养人的敏捷反应能力，提高应变能力，增强记忆力等。在最初的时候也确实如此，然而随着电子游戏的种类不断增多，内容日益广泛，沉迷于电子游戏的人也越来越多，这种不断带给人新奇感受的娱乐悄悄地将它丑陋的一面暴露了出来。如在身体上使人视力快速下降，神经中枢失调等。”

听到这里，小龙崎说：“布什内尔一定做梦也没想过，他辛辛苦苦设计出来的游戏竟然会演变成今天这个样子，会给孩子们带来如此恶劣的影响。究竟是什么原因使得最初的那一个小小的乒乓球游戏变成了今天危害世界的电子海洛因的呢？”

龙叔叔说：“将电子游戏变成海洛因的罪魁祸首是那些为了赚钱而不计后果的游戏开发商们。他们不断设计出具有刺激性的画面以及能引起人们内心征服欲望的游戏情节，以此来使自己的产品更有卖点。有时，他们甚至会为了迎合极少数成年人的喜好在游戏中加入色情内容。这一切都对缺乏社会经验、心理稚嫩的青少年构成了极坏的影响。”

不可不知的事

规定玩游戏的时间

禁止孩子玩游戏比较困难，规定玩游戏的时间是较理想的办法。游戏机导致的健康问题是玩得时间过长造成的。法国社会心理学家热拉尔·博纳丰在四年中对1000名儿童进行的调查证明，在玩60分钟之后开始出现游戏过敏症。可以允许孩子每天玩两次游戏，每次半小时，或一次玩一小时。绝不允许晚上玩，以免过度兴奋影响睡眠。

3 汽车与事故形影不离

龙叔叔买了一辆新车，小龙崎爬上去摸摸这、摸摸那，非常新奇。过了一会儿，小龙崎问：“龙叔叔，汽车是谁发明的？”

龙叔叔说：“汽车，在今天已成为人们不可缺少的交通工具，但它的诞生过程颇为曲折。”

“您快给我讲讲吧！”小龙崎说。

早在1600年，荷兰人西蒙·斯蓬福把车轮安装在帆船上，制成了按风向运动的风力驱动车。17世纪末，德国钟表匠汉斯·赫丘用发条做动力制成一辆四轮车，但每行驶230米就要上一次发条。这辆车后来作为稀世珍宝被瑞典王子购去。1769年，法国炮兵大尉尼可拉斯·约瑟夫丘纪约奉命研制牵引大炮的动力牵引车，他虽然挖空心思地制造出来了，但在试车时却不能开动。到1771年，他又制成二号车，虽仍不理想，但可以开动了，时速9.5千米，这是世界上最早使用蒸汽的汽车。

德国的本茨和英国的戴姆勒被公认为“现代汽车之父”。他俩在1883年分别制成了

单缸汽油发动机的三轮车，发动机每分钟转动 200 次，时速为 13 ~ 16 千米。本茨制造的这部重 254 千克的三轮车，可以说是世界上最早使用汽油的汽车。有趣的是，第一次试车成功的是本茨的妻子。一次，本茨的妻子要回娘家，好奇心驱使她从车库拉出丈夫刚研制成的汽车，发动后就上路了。本茨发觉后十分担心，谁知妻子晚上回来，车子完好无损。夫妻俩高兴不迭，本茨称妻子是世界上第一个女司机。

“早期的汽车样子可真是够怪的！那现在这样子的汽车是什么时候出现的呢？”

“19 世纪，人们已将汽车大体改进到目前的样子。1893 年，法国人制造的汽车，把发动机放在汽车的最前边，代替了齿轮减速的变速装置。1895 年，安装充气的橡胶轮胎。到 1900 年，汽车的主要改革技术已经大体完成。”

听到这里，小龙崎说：“汽车的诞生无疑具有划时代的意义，不仅改变了人类传统的‘行’的方式，更开启了个人交通运输的新纪元。”

龙叔叔点点头，说：“确实是这样，不过全世界每年有 120 万人死于车祸，而在交通事故中受伤和致残者更是高达数百万人，其中酒驾者占很大比例。有这样一组数据：2008 年，我国共发生道路交通事故 26.5 万多起，造成 7.3 万多人死亡、30 多万人受伤，这是多么庞大的数字啊！世界卫生组织曾统计，在发展中国家，每 33 分钟就会有一人死于饮酒导致的交通事故。

“2009 年 6 月 30 日晚上 8 点多，一辆黑色别克轿车在南京市金胜路由南向北行驶时，车辆失控，沿途撞倒 9 名路人，撞坏 6 辆轿车，酿成 5 死 4 伤的惨剧，令人叹息的是，死者中还有一名孕妇。经过对肇事司机抽血化验，他的每 100 毫升血液里酒精含量高达 381 毫克，是醉酒标准的 4 倍多。这样的行为真是令人无法原谅！

"在美国，酒后驾车就是故意伤害，会受到十分严厉的处罚。在日本，2001 年，因为驾驶致人死亡的最高刑期是 15 年，到 2005 年，酒后驾车致人死亡的最高刑期是 20 年。我国对酒后驾车的处罚也日趋严厉。"

停了一下，龙叔叔又说："另外，汽车如今已成为许多发达国家和一些新兴发展中国家的支柱产业，它在带动冶金、电子、化工、机械等行业发展的同时，也消耗了大量的原材料。无论是交通运输的基础设施，还是交通运输工具，其消耗的建造材料，都需要开采大量矿产资源，对资源储量将造成巨大压力。"

不可不知的事

连续 8 小时疲劳驾驶引发的惨剧

2005 年 11 月 14 日早晨 5：40 左右，我国山西省长治市沁源县发生了一起特大交通事故，从而给几十个家庭带来了重大的灾难。

那天早晨，沁源县第二中学如同平时一样，老师们组织初二、初三两个年级一共 13 个班的 900 多名学生在汾屯公路出操晨练，就在转弯返校之际，一辆大货车突然碾压过来，在一片惊呼和惨叫声中，学生们纷纷倒地。之后，这辆货车撞倒路边的大树，又驶上公路斜横在路上才停了下来。当场有 18 名师生被碾压死去，20 多人受伤。在伤者被送往医院抢救的过程中，又有 3 名学生死亡。

据调查，这场事故的原因是这名司机连续 8 个小时疲劳驾驶。就是因为疲劳驾驶，给那么多家庭带来了无法愈合的伤口。

4 使用手机要注意

这天，小龙崎在电视剧中看到这么一个场景：20 世纪中叶的一天，控制交通路口红绿灯的交通警察，见到周总理座驾特地亮起了红灯。车停后，他快步走上前来敬礼报告，中南海来电话，有急事找周总理，请总理到岗亭内接电话。

龙叔叔边看边有感而发，说："当时，工作很忙的周总理因为没有移动电话而不得不停下车来接电话。今天，很多人都有手机，用它在任何地方都可以打电话。"

小龙崎问："现在的手机是怎么发明出来的呢？"

手机的发明者马丁·库帕是当时美国著名的摩托罗拉公司的工程技术人员。1973 年 4 月的一天，他站在纽约街头，掏出一个约有两块砖头大的无线电话，打给他在贝尔实验室工作的一位对手——对方当时也在研制移动电话，但尚未成功。这是世界上第一个移动电话。

手机由于摆脱了电话线的限制，很受人们的欢迎，可在当时，手机的生产却遭到了限制。直到1977年，美国试验“蜂窝”无线移动电话系统获得成功，手机才在全世界获得很大发展和非常广泛的应用。

听到这里，小龙崎拿起龙叔叔的手机说：“龙叔叔，您看，现在手机越来越小、越来越好用。”

龙叔叔笑着说：“是呀！手机能通话、呼叫，传递数据，与因特网互联，预定机票、客房，查阅资料，发送电子函件，上网浏览等。小巧玲珑、性能齐全、操作容易、携带方便的电脑手机，还可以为你提供一切文件资料和必要的信息，可以进行资料的编写、处理、存储和发送；用电脑手机可收看全世界的电视节目，阅读世界各地报刊、图书；用它可以与银行进行各种钱款交易，身上不带钱也可办事；用它可以把你的身体状况传送给医院、急救中心，对你的疾病及时给予诊断，以便得到及时有效的治疗和照顾。”

“真是太方便了！不过我听说手机会产生污染，这是怎么回事？”小龙崎又问。

龙叔叔说：“据统计，目前全球约有60亿人享受着移动通信网络的服务。手机等高科技通信设备的出现是信息社会的一个标志，但客观地讲，这种通信设备也是一个重要的污染源，由手机造成的污染事件也在增多。

“手机产生的最大污染是一种电磁波污染。手机这种大功率发射器使用户的大脑经常处于辐射状态下。关于手机电磁辐射的影响程度，尽管医学上有争议，但长时间使用手机直接影响人的记忆功能却是不可争辩的事实。据测，一天中使用手机 1 小时以上，人的瞬间记忆力会下降 30%，而长时间使用的致癌可能性也是存在的。这种高科技污染，因为直接危害了人的健康，所以引起了人们的高度重视。”

龙叔叔喝了口水，接着说：“手机还会造成事故的发生。2009 年 8 月的一天，一位在上海打工的农民工在雨天用手机打电话，结果受到雷击而死亡。一位美国科学家经过大量的统计分析得出结论：使用手机的汽车司机比没有手机的汽车司机出事故的概率高 34%，这是因为使用手机容易使司机分神。飞机上更是手机的使用禁区，飞机里有许多高精度的自动化仪表及装置，使用手机产生的辐射对这些设备的干扰，会导致操作失误。”

不可不知的事

蜂窝移动通信系统的能力

蜂窝移动通信系统是把一个区域分成若干小区，每个小区是一个规则的六角形区域，系统的网络是由边长相等的正六边形小区组成的，小区边长几千米甚至几十千米，整个区域像蜂窝状。每个小区内都设有一个无线基地台，基地台都有专用的有线线路与移动电话局连接。移动电话局再通过有线线路与市内电话局及长途电话局连接起来。蜂窝移动电话系统中的电话用户不仅能相互通话，而且还能自动地接入各地区的公共电话交换网，与固定电话、移动电话用户通话，这样就保证了移动电话与国内外任何一台电话通话了。

5 都是空调惹的祸

盛夏的一天，室外炎热似火，小龙崎回到家赶快打开空调，不一会儿就感觉凉爽了许多。小龙崎躺在椅子上，惬意地说：“龙叔叔，夏天还是待在有空调的房间里舒服！”

龙叔叔说：“在发达国家，空调已相当普及，就连交通工具上都放冷气。在炎热的夏季，人们可以因此避免高温之苦。在发展中国家，有钱人家也开始了对空调的需求，尤其在中国，空调已走进寻常百姓家。”

“那空调是怎么发展来的呢？”小龙崎问。

1881 年 7 月的一天，美国总统格菲尔德在华盛顿车站遭到突然袭击，立刻被送到医院抢救。这一年，华盛顿出现了历史上罕见的高温。总统不断痛苦地呻吟着，总统夫人和护士们不停地为他扇风，但仍然无济于事。

医院立即请来了一位名叫多西的矿山技术员，让他想办法排除病房中的热气和湿气。

与此同时，华盛顿的海军工厂也接到了紧急命令，马上向多西提供他所需要的一切器材。多西立刻行动起来，他用一个很大的发动机，带动压缩机压缩空气，并把压缩空气送入总统的病房。空气膨胀，吸收了室内的热量，室内温度很快就降了下去，膨胀了的空气回到室外，经压缩可循环使用。

这次暗杀事件，却促成了空调机的发明。多西的原始空调既笨重效率又低，然而它给人们许多启示。1923 ~ 1929 年，空调机在美国的一些部门得到应用。从 1930 年起，它的发展速度突飞猛进，被广泛用于剧场、影院、商场、办公室以及火车、汽车、轮船等地方。

“我听说使用空调会引起空调病，是吗？”小龙崎又问。

龙叔叔说：“空调作为现代化生活的象征，吸引许多人去享用它，但随之而来的是人体对寒暑的抵抗力的下降。从装有空调设备的居室走出来到没有空调的地方去，由温差带来的瞬间变化使越来越‘娇’的身体很难适应外界环境。于是，患感冒是常有的事情。人们通称因冷气而导致的病为‘空调病’。”

“我听说近年来人们发现的所谓‘大楼病’，实际上也是由于空调造成的。是吗？”小龙崎又问。

龙叔叔想了一下说：“是的。长时间在全封闭的大楼内工作，空气无法流通，如果房间人数多，就会大量消耗空气中的氧气，而呼出的二氧化碳排放在空气中，使房间里的空气污浊不堪，负氧离子低下。空调的应用使内部环境与外部环境阻隔，一些细菌和病毒得以在铺着豪华地毯的房间里过着‘贵族’式的生活。此外，大楼内还有租用住家做饭，大量散发着天然气、油类，而且还散发出密度不同的微粒。再加上因为楼内的门窗、家具的油漆、清洁剂和洗涤剂的使用所挥发出来的有机化学物质，如各种碳氧化物、氨氧化物和微量的有机化学元素随着尘埃飘荡。这些都是导致呼吸道疾病和过敏反应的根源。在大楼里的主人们被这些新式‘贵族’折腾得头晕、体乏、萎靡不振、咳嗽、流泪。如不改变这种环境，将会累及健康的肌体，引起病变。”

不可不知的事

蒸发器的历程

公元前2500年，埃及壁画上就有这样一幅图像：一些奴隶在扇有孔的水罐，周围的人似乎感到很凉快。看来，这是一个原始而又方便的冷却方法。到了古罗马中世纪，人们开始用表面潮湿的水器皿冷却空气，空气在与水的交流中逐渐地变得更加令人舒适。

到了工业革命时期，科技的进步向人类提出了更多的要求。由于纺织业成为最早工业化的行业之一，棉花在机械化运作中需要保温，这就成为一个迫切需要解决的问题。最后由一名叫威廉斯·凯瑞尔的博士发明了蒸雾空气洗涤器。这种机器不仅湿化空气，而且还能冷却空气。由此发展起来的威廉斯凯·瑞尔的相关理论成为系统空调的基础理论。现代蒸发器是应用各种材料作为蒸发的物质，如滴水袋、隔热袋（像毛细空气洗涤器那样）、转轮、喷雾器，这些都是效率高、费用低的物质。一个更大更复杂的水容器从此真正代替了古老的水罐。

6 塑料的两面性

在科学常识课上老师讲到了塑料，并让大家观察一下我们生活中的哪些东西是用塑料做的。这天，小龙崎跟龙叔叔到商店、超市里去走了一走，看到了许多塑料制品：塑料碗、塑料袋、塑料雨衣、塑料胶鞋，甚至还有婴儿用的塑料尿布。于是，他忍不住问："龙叔叔，塑料是怎么形成的呢？"

随着人类冶炼技术的发展，到19世纪，金属已经无处不在，人类社会可谓是金属的世界。可是，由于金属材料笨重、易生锈，原料提炼和加工制作也十分困难，给人类带来很大的不便。于是，人类开始呼唤一种新材料——比金属轻便适用的材料，它就是塑料。

1869年，当时还在做印刷工人的美国发明家海亚特，在一次偶然的操作中将潮湿的低度硝棉溶解在乙醇中，加上樟脑搅拌均匀，干燥后得到了一种特殊的材料——像象牙一样白、比橡胶更富弹性、质量又很轻的物质，这就是我们今天所称的"赛璐珞"。赛璐珞是人类最早制得的塑料，由于它类似于象牙，所以又称为"假象牙"。赛璐珞一出现就受到人们广泛的欢迎，因为它不仅质轻，有韧性，而且还能染成各种颜色，至今仍用它来制造乒乓球、梳子、纽扣及儿童玩具等。

虽说赛璐珞是世界上最早出现的塑料，可它的原料毕竟来自天然。而真正的“塑料鼻祖”称号应给予“酚醛塑料”，又称为“酚醛树脂”或“电木”，它的发明者是美国化学家贝克兰。那是1910年的事情，只有100年左右的历史。

“这么说来，塑料还是一种很‘年轻’的化学材料喽！”小龙崎开玩笑地说。

龙叔叔笑了一下，说：“确实是这样。说它年轻，是因为如果从1869年制得最早的人造塑料——赛璐珞算起，塑料的历史还不到150年。在人们日常使用的材料，譬如木材、石头之中，它的辈份只好排在最后。木材和石头早在几千年以前就已经和人类发生了密切的关系。不过，我们别小看了这位‘年轻人’，它的发展可快呢！100多年前，它还只是一个呱呱落地的婴儿，可是今天，世界上已遍布着各种各样的塑料制造工厂。无论哪个国家，都把塑料的生产放在一个重要的位置。塑料在100多年的时间里，特别是在最近一二十年里，产量有了惊人的提高。”

“这真是太好了，我们以后就有更多的塑料制品了！”小龙崎高兴地说。

龙叔叔说：“正如任何事物都具有两面性一样，塑料工业的迅速发展，也给人类造成了各种危害，其中尤以废塑料造成的‘白色公害’为重。”

“‘白色公害’？是什么意思？”小龙崎继续问道。

龙叔叔耐心地解释说：“近年来，废塑料造成的‘白色公害’日趋严重，降解塑料已成为重要的发展方向。目前全世界每年生产塑料约1亿吨，其中大约40%用于包装。塑料包装淘汰纸包装的主要原因是经济和环境保护。从经济上比较：生产一个聚苯乙烯塑料杯，原料只用石油3.2克，化学品0.01

克；而生产一个相同容积的纸杯，原料需用石油 4.1 克，木材 33 克，化学品 1.8 克。1 吨聚苯乙烯可生产塑料杯 65 万个，消耗蒸汽 5000 千克，用电 180 度；1 吨纸只能生产纸杯 10 万个，消耗蒸汽为前者的两倍，用电为前者的 36 倍，用水量为前者的 500 倍。而生产相同数量的纸袋和塑料袋对环境造成的污染，前者比后者严重得多：排放二氧化硫多 1 倍，二氧化氮多 0.5 倍，一氧化碳多 2 倍，灰尘多 5.5 倍，废水多 50 倍。尽管塑料包装便宜、轻而结实，很受人欢迎；但是它最大的问题是不能像纸那样分解消失，因此塑料垃圾在地球上越积越多，造成‘白色公害’。例如，塑料地膜废弃在地里，破坏土壤结构；塑料渔网废弃在海里，造成鱼类死亡。”

不可不知的事

消除“白色公害”的办法

现在消除“白色公害”基本上有两种办法：回收废塑料和制造降解塑料。目前世界各国废塑料的回收比例还相当小：欧洲 15%，美国 10%，日本 5%。对废塑料的处理，欧美以埋为主，美国占 85%，欧洲占 55%；日本以烧为主，占 70%。实际上，对废塑料回收后的再利用技术还大有发展余地。日本东芝公司已发明把氯基废塑料加工成燃料油的新工艺，计划即将于最近进行商业生产。英国的研究表明，用回收的废塑料制造再生塑料袋比生产新塑料袋不仅大大节约能源和用水，而且还能减少环境污染。

更好的办法是不用石油作原料制造降解塑料。英国用脂肪酸或蜡，意大利用淀粉，但是制成的降解塑料的价格比普通塑料贵得多，目前还很难推广。美国研究把能够制造塑料的细菌基因插入植物细胞，让植物生产塑料，这项研究成果可能为农民开辟一条经济作物的新途径。

7 味精里的秘密

这天，小龙崎闲着没事，就到厨房看龙叔叔做菜，只见不一会儿一道青菜就炒好了。临出锅的时候，龙叔叔往菜里撒了些白色晶状物。小龙崎问龙叔叔放的是什么东西。

龙叔叔说：“这是味精。味精和其调味品比较，有它独自的特点。如果我们把食盐用水稀释 400 倍，已经感觉不出它的咸味；把白糖用水冲淡 200 倍，也感觉不出它的甜味；而把味精用水稀释 3000 倍，仍能感觉出它的肉鲜味道。”

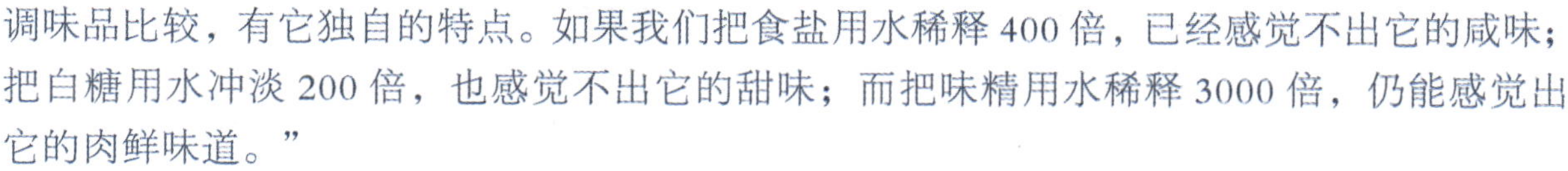

“味精的肉鲜味是如何来的呢？”小龙崎又问。

龙叔叔说：“从味精的化学成分看，它是谷氨酸的单钠盐。谷氨酸是组成蛋白质的 20 多种氨基酸的基本成分之一。当这种氨基酸被结合在蛋白质里的时候，不会形成钠盐，也不具有鲜味。当谷氨酸单独存在时，只有酸的味道。只有把它制成钠盐以后，才具有强烈的肉鲜味。”

“是谁发现的这个秘密呢？”小龙崎不断地追问着。

味精的发明人是日本的池田菊苗，商标名称叫“味之素”。1907年的一天，东京大学化学教授池田菊苗的夫人从一个展销会上买来了一些北海道产的海带。当天的晚餐桌上，“海带为什么有它特殊的鲜味”成了一家人谈话的主题.

这事引起了池田的兴趣，但他一时间回答不出海带鲜味的来源。于是，他决定对海带来一番详细的化学分析，试图找出有鲜味的成分来。结果发现，鲜味的成分是“谷氨酸’。德国化学家李特豪森在研究氨基酸的过程中曾经分离出这个谷氧酸，但它具有鲜味这一点，李特豪森并未发现。

现在的问题是，在工业上如何制取谷氨酸。经过反复研究，池田发明了从小麦中提取谷氨酸的方法，就是把小麦粉浸泡，洗掉其中的淀粉，取出所谓的“面筋”，再加上盐酸，一起放在高压罐里加热，使其水解。然后，把水解液存入结晶槽里放10天，使它慢慢冷却，谷氨酸便成了盐酸盐而分离出来，这时再加苛性钠(烧碱)中和，谷氨酸就变成谷氨酸钠——味精了。

“现在还是用这种方法生产味精吗？”小龙崎问。

龙叔叔说：“这项发明出世后不久就在全世界普及开了。但是，这种方法消耗粮食多，成本高。比如，50千克面粉能制出4千克左右的面筋，而用这些面筋只能制取1.5千克左右的谷氨酸。而且这种方法还有一个生产周期长、工业化程度低、劳动强度大的缺点。随着人们对微生物应用技术的不断发展，人们发现自然界中有一些细菌的细胞个体，好像合成谷氢酸的‘工厂’，它们在生命活动过程中，能够吸收外界环境中的各种不同的粗原料在细胞内进行精细的化学加工，合成谷氨酸。人们经过不断研究和精心筛选、培育，终于从自然界中选出了合成谷氨酸能力强的菌种。合成谷氨酸菌种在发酵工业上的应用，就突破了传统的蛋白质水解法。利用淀粉等糖质原料生产谷氨酸，这是近20多年来微生物工业中的重要发展之一，也是现代化发酵工业的重大革新。”

听到这里，小龙崎说：“龙叔叔，菜里多放点味精是不是更好？”

龙叔叔：“那可不行。味精的主要成分为谷氨酸钠，谷氨酸钠是一种潜在的食品污染物质。大量的动物实验和社会危害调查证明，若摄取过量的味精可能会引起头痛、恶心、发热、血糖升高等症状。长期食用过量的味精会降低人体的正常抵抗力，减少人体对维生素的吸收，甚至引起其他疾病。同时，味精摄取过多还会引起骨骼及骨髓发育变异，并导致神经异常，情绪焦躁，兴奋过度。味精的主要成分谷氨酸钠在100℃以上的高温中会遇热分解产生变异物质‘异吡唑’，摄入后可引起结肠、小肠、肝脏、大脑等部位的癌变。味精的毒性会使下丘脑过于敏感，以致危及受下丘脑控制的生殖器官、生殖系统，使性成熟异常，并会造成视网膜损伤。味精还会干扰与破坏内分泌，抑制激素的产生，使生长激素、催乳激素、甲状腺激素、性激素的分泌明显减少。”

不可不知的事

产“味精”的树

在云南贡山有一棵高约25米、粗一抱有余的阔叶大树，其皮呈深褐色，状如百年古柏，叶阔大如掌，叶脉清晰，叶肉厚实。它在方圆百里的高山密林间，是独一无二的。当地藏族、怒族、傈僳族群众谈起这棵树，无不称奇。青拉筒山寨的群众更把这棵树当作自己山寨的一份珍贵财富。这棵无人知名的大树具有奇特的功能，煮肉炒菜时只要摘一片树叶或刮一片树皮置于锅内，菜就会变得格外鲜美香甜。多少年来，青拉筒山寨的人们把这棵大树的叶子或树皮当作味精来使用。这棵无名大树也就成了山寨里一棵公用的“味精树”。

8 警惕有毒的洗涤剂

放学后，小龙崎看到龙叔叔在洗衣服，于是他就走过去问道：“龙叔叔，肥皂是用什么做成的？”

“肥皂是用动植物油脂，包括牛油、羊油、猪油以及椰子油、菜油等，加碱放在大锅里蒸煮，然后加上各种填料和香料制成的。

“那洗衣粉也是这么做成的吗？”小龙崎又问。

洗衣粉是合成洗涤剂的一种。合成洗涤剂 1925 年诞生，近二三十年来，合成洗涤剂迅速发展，现在已经有了上百个品种。合成洗涤剂形形色色，五花八门，它们都是用石油、煤焦油等副产品经过化学加工生产出来的。

合成洗涤剂在洗涤方面有不少优点。比如去污能力强，往往比一般肥皂高出好几倍；在硬水甚至海水中使用也不会发生沉淀，不会丧失去污能力；对衣服的损伤轻，可以用来洗涤天然纤维、化学纤维等各种织物。跟肥皂一样，合成洗涤剂也是通过浸透、吸附、膨润、分散、乳化、起泡等作用来达到去污的目的。

“合成洗涤剂怎么会有这么多的功能？”小龙崎问。

龙叔叔说：“为了提高洗涤效果，除去各种污垢，合成洗涤剂里常需加入各种各样的助剂或添加剂。事实上，在我们平常使用的合成洗衣粉里，合成洗涤剂的含量只占 10% ~ 35%，其余都是助剂或添加剂，比如三聚磷酸钠、硅酸钠、羧甲基纤维素钠、荧光

增白剂、硫酸钠等。正是因为配方不同，洗衣粉的种类也不一样：有的碱性低，可以用来洗涤怕碱的人造棉、丝、毛织物等；有的碱性较大，适合于洗涤普通棉织品；有的碱性介于两者之间。随着洗涤剂工业的迅速发展，现在还在大力发展用途多端的新品种，比如低泡洗涤剂、加酶洗涤剂、漂白洗涤剂等。它们都有自己独到的长处：或者去污能力更强，漂洗更方便；或者对清除血渍、汗渍、奶渍有特效，能洗各种新旧污垢；或者能起漂白作用，把衣服洗得更加洁净。

小龙崎很爱清洁，听了龙叔叔的话，他说："随着生产和生活水平的提高，我们将研制和生产更多的洗涤剂。这些去污能手一定会各显神通，把我们的生活环境打扮得更美好！"

龙叔叔看了一眼小龙崎说："合成洗涤剂的产量现在已经超过肥皂产量，我国合成洗涤剂的主要成分是十二烷基苯磺酸钠，占洗涤剂总量的 90%。合成洗涤剂易溶于水，随着洗衣机的广泛使用，用量越来越大。但是洗涤剂属于表面活性物质，是一种有机物，在光热条件下易氧化分解，大量消耗水中的溶解氧，致使水中的鱼和贝类等生物因缺氧而不能正常生长，甚至死亡。"

不可不知的事

肥皂存在的一些缺点

作为洗涤剂的肥皂存在着一些缺点。例如，肥皂在溶液中水解析出游离碱，会对织物，特别是毛织品、丝绸织品产生有害的影响。肥皂在含有较多钙、镁矿物质的硬水中使用的时候，因为它能够同矿物质结合产生沉淀，不起泡，因此减弱了它的去污作用，使肥皂的很大一部分白白地浪费了。这些沉淀如果不洗净，还会在织物上留下污点，使织物失去柔软和光泽。在酸性的溶液里，肥皂遇酸会全部溶解，不起作用。最重要的是，肥皂的生产还受原料的限制。制造肥皂的原料是油脂，而油脂往往是人们的重要副食品之一。每生产1万吨肥皂，大约要消耗500万千克油脂，获得这么多的油脂需要种植十几万亩的油料作物。

主要参考书目

上海市青少年科普促进会：《透视伪科学》，少年儿童出版社 1999 年版。
严金海主编：《中国 20 年伪科学现象透视》，华南理工大学出版社 2001 年版。
凌立主编：《灭顶灾难 20 世纪大灾难》，学林出版社 2002 年版。
甘霖等编著：《破灭的神话——伪科学的种种骗局》，上海人民出版社 2003 年版。
戴鸿铭主编：《病毒的意志》，广东教育出版社 2004 年版。
尼克·阿诺德、托尼·德·索雷斯：《杀人疾病全记录》，朱子仪译，北京少年儿童出版社 2004 年版。
北京大陆桥文化传媒：《自然密码》，中国发展出版社 2007 年版。
李杰卿主编：《不可不知的世界 5000 年灾难记录》，武汉出版社 2010 年版。
水禾编著：《人类历史上的大灾难》，吉林人民出版社 2010 年版。
贯浓铀主编：《世界最伟大和最失败的发明》，天津古籍出版社 2010 年版。